南 海 县

侨汇增加统销商品供应票

（全县通用）

猪肉 0.02 斩

有效期：

1961 年

7月至12月

中国人民银行
南海县支行
印 发

肉票

淮阴县肉食水产公司

壹市斤

民国油画《卖肉图》

南京师范大学出版社
NANJING NORMAL UNIVERSITY PRESS

丙烯画《一碗肉》 俞洁

肥肉

策划·主编　朱赢椿

书法　刘二刚

fat（书法）
徐冰

存

绘画 姚嫒

戲咏桃花肥肉圖

東坡烹肉世餘香　却爱青蒻勝倍脂
飽食肥腴妨稚與　多尝蔬果助才思
葷君豪氣難添壽　素士清心善養頤
試減紅肥增綠瘦　桃花薄面好成詩

苏东坡擅长做东坡肉，举世都知道它的香味，但苏东坡却爱青竹胜过肉（他曾说过：宁可食无肉，不可居无竹）。吃多了肥肉会影响雅兴，多吃蔬果可以帮助思考。爱吃肉的人们（戏称之为「荤君」），纵然有豪情，但不能延年，爱吃素的人们（戏称之为「素士」），因为心清，可以长寿。请减去一些肥腴的饮食，吃点清淡的绿色食物，「桃花人面相映红」这么美的诗句中的「人面」一定是清瘦的，如果胖胖的，是入不了诗的。

撰文　古十九　　书法　丁大钧

篆刻 孙少斌

目录

熏

目录图片摄影　车向原

煎

脱脂

熏

半饥半饱，支离破碎，星星点点，一知半解，或许正是我们这代人的神伤与不甘。

对肥肉的憧憬是一个长长的梦，这隔年的记忆如今抖落出来，以飨今天那些「不知肉滋味」的读者们一笑。

小时候妈妈亲手做的拌饭菜，是一种刻骨铭心的与生命紧密相依的人世间最最美妙的回忆。

人是会醉的，人是会变的，人是会老的，肉是不腻的。

绘画 李津

补脑药

沈昌文 [出版家]

　　朋友要我写吃肥肉的经历，十分踌躇。我同朋友们时常聚饮，大家知道我喜肥肉赛过一切，不写自己的体会，有"卖关子"的嫌疑。但又怕说出这体会，一则是俗不可耐，有扫雅兴，次则是很怕缠夹到政治上去，这是我辈老文宣干部考虑问题时常犯的小心病。

　　肥肉者也，在我记忆里，多为文人雅士所不齿。改革开放之初，我借职务之便，常去香港。借便，除了去苏浙同乡会大嚼之外，就是买些谈饮食的书回来。最早接受的是陈存仁医师的著作，以后越看越多。他们的书里，当然不全盘否定肥肉，但引述了许多我此前不知的前哲明训，如：

《左传》："肉食者鄙"。

苏东坡："可使食无肉，不可使居无竹。无肉令人瘦，无竹令人俗。人瘦尚可肥，士俗不可医。"

林语堂："中国人惰性重，就是因为吃猪肉的影响，外国人蛮性重，就是吃牛肉的影响。"

这些话当然一点吓不倒我。这首先是我在那时挺不看重海外。经过"反右"、"大跃进"、"文革"，我辈又是承命出去"指导"工作的，何尝把海外文化人看在眼里。大家只要看我写的当年在香港如何把"XO"当成绍兴花雕而大上其当的故事便可知。更主要的，我有自己好吃肥肉的亲身体验。从一九四五到一九五一年，我在上海为工作佣，处境十分凄惨。那时，唯一可快朵颐的，是为客人收拾餐桌上的残余时忽然见到余下的肥猪肉，估计大司务会赏给我辈下人，快何如之。更高兴的是，为了赶着上夜校，吃不上晚餐，在法租界太平桥边的小摊上吃一碗"阳春面"。有时想奢侈一番，来碗"大肉面"。这块大肉下去，去霞飞路俄国老师那里学俄语，或去五马路格致中学附设补习班学习收发报时，都会效率特别高。晚上在格致中学学习收发报，窗外多是妓院，声色犬马，呼么喝六，我那时悬念，他们所吃的也无非只是红烧肥肉而已，不然哪来那么大玩劲。

　　五十年代后来北京参加工作，月薪二十八元，吃肥肉少些。我当然不守清规，会悄悄去小饭馆，但在那里找到的肉只是"木须肉"，虽然也能解馋，总引不起此前生涯的美妙回忆。后来在小摊上发现一味"炒肝"，其中有肥肠，稍可补肥肉的不足。限于那时的经济、政治条件，始终没勇气去大饭馆名正言顺地点一份大肥肉。直到一九六一年，老婆怀孕，亟需营养，我们相约在北海的仿膳酒楼好歹吃了一顿像样的红烧肉。三年困难时期，物价吓人。两人一餐所费，计巨资人民币壹拾大圆。归来不敢声张，因为恰好有对同业夫妇，当年居然在酒楼饱嚼一餐，耗资四十元，党内口头通报批评。我当时刚入党，自然不敢声张自己的丑事。幸好那天没有碰到任何熟人。

　　后来自己当上一个部门小头头，又加上改革开放，当然肆行无忌。但是敢于畅言自己爱吃肥肉，根本上还是得力于革命领袖的教导。在这方面，当年传说的很多，见到的最完整的如下一些：

　　"肥猪肉是补脑药。"

　　"红烧猪肉是一道好菜，百吃不厌。有人却不赞成我吃，认为脂肪太多，对身体不利，不让我天天吃，只同意隔几天吃一回，解解馋。这是清规戒律。革命者，对帝国主义都不怕，怕什么脂肪呢！吃下去，综合消化，转化为大便，排泄出去，就消逝得无影无踪了！怕什么！"

又据说，这里所说"有人却不赞成我吃"，这"有人"指的就是江青。据说江青认为吃肥猪肉的是"乡巴佬"。

我辈老头儿，当年赶时髦、干革命太过分了，直到现在做事还离不开"语录"。当然，有些语录不讲了，但有些还要挂在嘴边。例如我喜欢动不动就教育年轻人"忆苦思甜"。有人对现状这不满，那不满，我火起来就要让他们想想"以阶级斗争为纲"的苦，看看"和谐社会"之甜。至于老人家关于肥肉的语录，当然是我多年来牢记不忘的。

现在有些女士忌食肥肉，怕变胖。读到过我所敬爱的女作家李碧华一段名言：

"如果世上没有男人，女人根本无须在乎体重。"

我作为男人，很奇怪这议论。六十多年前，我在上海当小厮，所见美女极少是减肥的。现在，我常去北京的一些上海饭馆吃饭，那里墙上挂满了上海当年的月份牌，其中所绘美女都是肥肥的。不过现在美女不吃肥肉这一特点，我倒常利用来为自己谋好处。在"娃哈哈"吃东坡肉，有女士在场，我往往把上面的肥肉先分出来，夹在自己盘里，殷勤地招待女士们吃下面的瘦肉或者干笋。不少女士认为我善体贴，不知道我在谋私利。当然，一旦不如此，我每见女士们把肥肉夹在盘里掷掉，也实在懊伤不止。

我的喜好肥肉，与伟大领袖当然还稍有不同。现在"毛家菜"饭馆里专做"毛氏红烧肉"，想必所来有自，但我往往并不满足。我喜欢的是上海的"好婆烧肉"，因为它增了甜味。这味菜到了北京，可能因为人们不解何为"好婆"，改名"老外婆红烧肉"。我常去东华门附近"石库门酒家"品尝此味。在北京的皇城脚下，离伟大领袖办公处不出一二里路，"石库门"这名称又容易让我想起"一大"其地（我一闭眼就想得起法租界白来尼蒙马浪路上那一排石库门房子，因为那是我从太平桥出来上夜校的必经之途，据说当年"一大"就在附近），在那里一尝"好婆"烧的肥肉，这怎么会不让人补脑子呢？

肥肉

钟叔河 [出版家]

　　肥肉好像只属于猪。人们也吃肥牛、肥羊、肥鸡，吃时却不见有猪这样厚这样油的肥肉。这种肥肉如今已很少人吃，但在"三年自然灾害"时却是求之不得的美食。那时的我已成右派，父亲则仍为"民主人士"，每月还能凭券去某处食堂买一份"特供菜"。我去买时，总想要买肥的，越肥越好。

　　有回风闻特供"扎肉"，此本长沙名菜，系将"肥搭精"的大块肋条肉用席草扎紧，酱煮极烂而成。这次因为肋条肉不够，遂以净肥肉充之。老先生们择肥而噬的心情迫切，来者极多，都按规定先坐好位子，连食堂旁边放旧桌椅的杂屋也坐满了。黄兴的儿子黄一欧时已七十多岁，进了杂屋却没坐上椅子，只好坐在屋角的酱油坛子上。谁知坛子的口并未盖妥，及至肥肉到手后，黄老先生起身，叨陪末座的我才发现，他的白衬衫背后一截已被酱油浸湿，颜色跟真正的酱煮扎肉差不多了。

幸运得很，我买得的也是一块净肥肉。肥肉不易着色，煮成了半透明的浅黄，很像烟熏腊肉的厚肥膘，更是诱人，加上油香扑鼻，害得我直吞口水。一路小跑着回家，老母已将三人的"计划饭"蒸好，熟肉本无须再下锅，匆匆分切成片，每月一次的家庭会餐立即开始了。母亲细声细气讲了几句："真没见过这样的扎肉，无皮无骨，也不见一点精的。"父亲却满心欢喜："肥搭精哪有这净肥肉香，精肉还会嵌牙齿哩，没有骨头更好，可食部分不是还多了一点吗？"

这真是我印象最深的一块肥肉，真香。

在"文革"中蹭饭

吕敬人 [书籍设计家]

肥耷耷、油腻腻、浮囊囊、白呼呼这一连串形容肥肉的词，那油光锃亮、肥旺流油的视觉形象对今天的许多减肥人士来说不亚于碰上恐怖分子的人肉炸弹来得恐惧。

然而对于生活在六七十年代的我们却是另一番心境，肥肉真可谓月月盼日日盼的"北斗星"。六十年代初天灾人祸，造成全国大饥荒，但生活在城市里的居民还有一个月二两油和少许蛋肉配给，这要比一些灾区挖草根、树皮、咽糠菜的农民兄弟强百倍。不过少量的供给满足不了体内体外循环的需求，人们仍然缺油水。肉铺里最受欢迎的是肥肉，肉皮炸完挂在阴凉处，待春节吃；肥肉部分炸油，可留着慢慢用；油渣可即刻炒菜吃。一食三吃，一举三得，全部装进肚里，没一点浪费。家里有海外关系的，就盼着装有一听猪油的邮包，令邻里垂涎欲滴，羡慕不已。当然这等事仅限于"文革"之前，"文革"时期有海外关系的人早被红卫兵小将从政治上到肉体上将你下油锅"煎炸"了无数遍，身上这仅剩的脂肪早就烤干了。

一九六八年，我在毛主席发出到农村去接受再教育的最高指示之前，为逃离遭遇无穷无尽批斗迫害的家庭，远赴北大荒生产建设兵团"战天斗地"去了。

在我看来，那时的军垦农场绝非饥荒之地，经五十年代转业官兵卧薪尝胆，艰苦创业，已开垦出一片片肥沃的黑土，并成为中国极为重要的粮仓。我们有口粮，还有每月三十二元钱的工资，这比到农村插队落户当农民要好得多。只是在计划经济体制下，以粮为纲，经济作物有限制地种植，副食品供应极为不足。我们虽有馒头、窝窝头、棒子面等填饱肚子，但碗里仍缺荤腥。生产队里饲养有限的猪，要等大的节假日才开杀戒，平日里基本是土豆白菜酱油汤。当时我们那里盛行这样的顺口溜："汤、汤、汤，革命的汤，兵团战士爱喝汤，早上喝汤迎朝阳，中午喝汤暖心房，晚上喝汤照月亮。汤，革命的汤。"所以上伙房，汤管够，却不长膘。

我因为有画画的小能耐，经常被领导叫去写条标语，画幅宣传画，布置个会场。那时学习班特多，"斗私批修学习班""毛泽东思想讲用会""毛泽东思想积极分子代表会""批斗反动路线捍卫毛泽东革命路线誓师大会"等等，五花八门，而这些活动都要美化妆点。我从生产队混到团部，又从团部混到师部，开会的规模越来越大，开会的次数越来越多，开会的级别越来越高，开会时蹭饭的人越来越多，我就是属于借宣传布置会场之名，蹭会议饭之实（这种会议饭也称作会餐吧，也正是这类会议的真正亮点）。大食堂里放着几十张大圆桌，每桌十来个人，围成一圈，人头簇拥，沸沸扬扬，再残酷的斗争内容，再严肃的政治主题，只要从会场转入饭场，磁场阴阳全部转换，人们本能的脸相、吃相、生态相暴露无遗。

　　菜谈不上精致，但够分量（虽是物资匮乏的年代，为了讲政治，保障会议伙食，后勤部门什么方法都会想出来），一大盘一大盘的猪皮冻、溜肉段、烩肥肠，一大盆一大盆的猪肉炖粉条、酸菜氽白肉。只听得耳边"飕飕"的风声，是左邻右舍的食客们以迅雷不及掩耳之势的动筷速度促使空气流动加快的声音。扫荡在瞬间就完成，人们满头大汗、目不转睛地等待第二轮的围剿，随之又掀起第二拨"飕飕"的筷子疾风。

餐桌上凡带点荤腥的，数分钟内点滴不剩。菜香味、杂烟味、汗臭味蒸腾着一股股史无前例的洪流。菜盘一轮轮上，桌上一次次空荡荡，但谁也没有走的意思，人们还在等待一部重头戏——"酥白肉"上场（这是由一块块纯粹的肥油肉夹着肥生猪油，裹上鸡蛋面放在油里煎炸，然后撒上白糖的菜肴）。伴随着人们发自丹田"噢——"的欢呼声，只见一大盘金山白雪般的酥白肉端了上来。风声起，那一块块硕大的肥肉塞进嘴里，轻轻一咬，一股像酒心巧克力一般的猪油顷刻溢满喉头，顾不得烫得直咧嘴，这热猪油顺着食管往下流，一路滋润了全身缺油失灵的内脏器官的所有部件，使蠕动的胃肠得以正常运转，这是一种何等的满足感。肥肉宴结束了，人们抹去油汪汪的嘴边油渣，继续去批判修正主义的唯生产力论，铲除产生资本主义温床的苗。

托毛主席的福，在白菜汤整日灌肚的日日月月，让我有机会借宣传服务之名，蹭"无产阶级文化大革命"饭菜之实，享用那美味无比的大肥肉。

今天想想，当年这样多少带有一点苦涩和痛楚。好在一切都过去了，我有幸赶上改革开放的时代，希望耳边那"飕飕的风"成为渐渐消失的回忆。

　　欲上肉铺又驻足，低头盘算手中的钱票——改革开
放前三十年，中国人吃顿肉是件大事。改革开放三十年后，
中国还有吃不起肉的家庭。

——薛冰

肥肉

赵本夫 [作家]

我对肥肉的记忆是温暖的。

尽管我不怎么能吃肥肉。

少年时代，常听大人们说，谁谁能吃三斤肥肉，谁谁
能吃五斤肥肉。父亲说过，年轻时和人打赌，他一个人吃
下过十几斤的猪头。猪头上大多也是肥肉，能吃这么多吗？
这在今天的人看来，简直不可想象。但那是个饥饿的年代，
饥饿的年代多出大饭量的人。我有一位本家老爷，一顿饭
能吃二十八个窝头。那可是四两一个的窝头。类似的例子，
每个村都有不少。加上肚子里没油水，一顿吃下一个猪头，

算不得特别稀罕。当时大多数男人都能做到。我参加工作后，在县委宣传部，那是上世纪七十年代了。有一位副部长，就特别能吃肥肉，而且只爱吃肥肉。用他的话说，爱吃肥肉的人讲究"肉吃满腮"。就是那种很肥很大的"方子肉"，一块起码有二三两，用筷子"端"起来，颤颤地送进嘴里，吃得满嘴流油。我亲眼见他吃过两大碗，大概也有三斤多，就像吃豆腐一样吃进去了。他说这只是解解馋，并不尽兴。

现在下饭店，如果点一道红烧肉，大家还是有些兴奋，筷子拿在手里，却不敢伸出去，只是鼓励别人："来一块，美容呢！"其实这肉已出过油，并不肥腻了，但大家还是有些望而生畏。终于有人伸出筷子，左挑右拣，挑一块小的送进嘴里，引得一片笑声。每每看到这种场景，便会勾起一些回忆。虽然肥肉已经渐渐退出今天的生活，但我还是喜欢那种烧得红亮红亮的"方子肉"，看上去好像有一层包浆，古色古香，记录着那个贫困年代的一点暖色。

肥肉

苏童 [作家]

　　我记忆中最早的美食，是苏州一家工厂食堂里的红烧块肉。

　　那家生产高频瓷的工厂远离苏州城区，但我有三个舅舅都在那家工厂工作。其中有个四舅，家眷都在老家，一个人住在工厂宿舍里。小时候每隔几个月，我会跟随我大舅或者三舅，到城北的公路边搭乘工厂的班车，去看望我的四舅。我每次都很期待这样的旅行，一方面瓷厂遍地都有酷似玩具的瓷品可捡，另一方面的原因纯属嘴馋，我最喜欢吃的是瓷厂食堂里的红烧块肉。

食堂的菜谱抄在一块大黑板上，红烧块肉通常写在第一排，有点领衔主演的味道。价格是五分钱还是八分钱，现在记不清了，反正不会超出一毛钱。那红烧块肉取材于猪肉肋条，其形其状不同于家庭主妇们小锅烹制的红烧肉，食堂师傅把肉切成严格的长条形，虽然厚度大概只得一厘米多，但由于长度和宽度都很可观，看上去面积便也很可观。这样一块肉，通常以肥肉为主瘦肉为辅，红烧过后浑然一体，显得晶莹剔透仪态万方。它是食堂里唯一有资格享受精美包装的一道菜，每一块肉配以一丛碧绿的青菜，用赭红色的小陶钵隆重地盛放，一个个摊在长长的料理桌上。我至今记得在瓷厂食堂里踮脚窥望陶钵的心情，唯恐排队的人太多，它们突然消失不见。在我看来，那些陶钵里隐藏着一片美味的天堂。

十八岁离开苏州之前，我心目中的所有美食其实都与肥肉有关。我后来喜欢的苏式酱汁肉和苏式白肉都极具地方风味，无论是老字号的陆稿荐出品，还是其他老店新铺甚至是私人作坊出品，所选材料必然是肥肉占主导地位，肥肉少了，我会怀疑它的口味是否正宗。我一直不是很喜欢蹄髈肉，因为我固执地认为，瘦精精的猪腿肉最难出味儿。一块猪肉，无论怎么烹制，肥肉都是它的灵魂。

我不是一个美食家，只能勉强算个肉食主义者，多少年来走南闯北，我最尊重的餐桌通常都端上了"肉"，那些餐桌的主人大多与我相仿，对肥肉有着白头偕老的深厚情谊。在杭州和徐州，我吃到了最正宗的令人怀古的东坡肉；在长沙湘潭一带，我品尝过光辉灿烂的毛氏红烧肉；在绍兴，我吃到了咸香可口的梅干菜焖肉；在苏北兴化，当地的咸猪头肉成为了我对这个地方最美好的记忆。最大的惊喜则是来自一个好友家的餐桌，每次去她家做客，都能吃到她家钟点工特制的红烧肉。这几乎是一个奇迹，那个来自安徽的中年妇女，总体说来厨艺平平，独独把那一碗红烧肉做得出神入化。

　　朋友圈里现在很少人嗜好肥肉了，据观察一部分人是从小不爱肥肉，还有一部分人则是因为健康饮食的缘故，担心肥肉进肚后血脂与胆固醇会像水银柱一样升高。不知为什么，我对后一类朋友充满了怜悯，我若批判他们无趣，他们一定骂我无知，但我认为餐桌放弃肥肉，就像文学放弃诗歌，放弃的都是传统，这其实不一定是健康的事情。

黑吃"四寸膘"

薛冰 [作家]

　　不是黑道故事，是我在苏北农村插队时吃肥肉的故事。

　　那年头中国的最大特色，就是折腾。农村自不能例外，每逢冬季农闲，从生产队往上，层层要兴修水利，农民叫扒河；而公社以至县里组织的大工程，叫扒大河。往往是前任书记开沟，后任书记便筑堤，所以年年不得闲。扒大河很苦，指标是硬的，通常每人每天两方土，不是从河底取土挑到河岸上，就是从平地取土挑到堤顶上，非强劳动力不能胜任。至于风雪交加、天寒地冻之类，都不在话下了。如我之辈无依无靠的知青，年年争着去扒大河，并非因接受贫下中农的再教育，改造好了世界观，而是扒大河不用自带口粮，全吃公家的，可以节省下一冬的吃食，开春再填肚子。物质决定意识，口粮短缺决定了我们的奋不顾身。

扒大河工地上，不但可以放开肚皮吃饭，而且工程胜利结束时，还有一顿大肉作为庆功宴，这就归到我们的正题上来了。总在头十天前，民工们就开始兴奋，收工后躺在窝棚里馋涎欲滴地讨论，今年的这顿肉，会是"四寸膘"还是"五寸膘"，也就是肥肉，农民叫白肉，厚度起码得在四寸以上。熬了一年的肚皮，早已没有半点油水，非此不能杀渴。然后便是催促伙头军，趁早到食品站去看好了猪，不要把肥猪肉让别人抢去了。其实伙夫同样心急，天天吃饭时都会向大家汇报，今天杀的猪毛重几何，膘厚几寸。终于有一天，伙夫把肉背回来了，所有的人都围上去，看、摸、掂、嗅，拤开手指量，四寸五还是四寸八地计较，性急的索性伸出舌头去舔一口，冰碴子把舌条划出血痕，还自以为捞到了油水。本队的看饱了，还要派代表溜到邻队的伙房里去，与人家的肉作比较。得胜的一方，在工地上可以自豪地取笑对方，从白肉的厚薄攀扯到对方的工程进度、个人的气力大小直至性能力的高低。失利的一方，不免要埋怨本队的伙夫艺不如人，明年怎么也不能再用他；赌咒发誓，明年的白肉，一定不能再输给别的队。总之肉还没吃到嘴，精神上的享受已经丰富而多彩。

吃肉的日子终于到了，那是比过年还要激动人心的时刻。须知过年是吃自己的，而现在是吃公家的，公私不能不分明。傍晚时分，整个工地上都弥漫着猪肉的浓香，人人都沉醉在即将到来的幸福之中。验工结束了，工具收拢了，行装打好了，天色黑尽了，只等吃完肉就可以上路回家了，吃肉的庆典也就开始了。全队十几个民工，人手一双长竹筷，一只大海碗，在桌边团团围定，伙夫连肉带汤，盛在一只大瓦盆里，端到桌子中间放好。闪烁的煤油灯下，切成巴掌大的白肉，油光闪亮，浮满在汤面上，微微旋动，虽是寒冬腊月，也不见热气腾起。队长放开喉咙大声吼："看好了？"众人应和："看好了！"重复到三遍，队长一声令下："吹灯！"伙夫"噗"地吹熄了煤油灯。

灯熄就是无声的信号。十几双筷子一齐伸进了肉盆。只听得噼噼啪啪，叮叮当当，嘘嘘哗哗，也就三五分钟的时间，只剩下了筷子刮过瓦盆底的嘶啦声了。那是意犹未足、心有不甘的人在继续奋斗。待到一切都静了下来，队长才开声问："都吃好了？"话音里带着心满意足的慵懒。

七零八落的声音回复："好了！"

"上灯！"

煤油灯点亮，十几双眼睛齐刷刷落向盆里，都不相信黑地里能把肉块捞得那么干净。但事实胜过雄辩，盆里确实只剩下了清溜溜的油汤。

　　每个人都表示自己吃得十分痛快，至少大家的嘴唇上都有油光。这就是黑吃的妙处了。如果是在明处，你快了我慢了，你多了我少了，必然生出矛盾，埋下怨怼，公家花了钱还落不了好；就是让队长去分，也会有大小厚薄轻重的计较，免不了抱怨他偏心。当时中国，不患寡而患不均，而绝对平均是神仙也难办到的。这顿庆功宴要想吃得皆大欢喜，黑吃无疑是最好的办法。汤足饭饱之后，民工们会忍不住夸口炫耀，说自己吃了几块又几块，谁也不会承认自己吃少了，因为在完全相同的条件下，你吃少了，吃不到，只能说明你无能；而按他们报出的数量，肯定远远高于队里所买的那块肉。

　　当然，黑吃也是有技巧的，初次参加扒大河的人，一块肉都吃不到，也是常事。这技巧就是，下手的时候，筷子一定要平着伸进汤盆，因为肥肉都浮在汤面上，一挑就是几块；如果直着筷子下去，就很难夹住油滑的肥肉。一经点破，相信大家都能明白。我肯把这个技巧透露给大家，是相信那个特殊的时代绝不会再回来，保藏着这屠龙之技，也无用武之地了。

　　"宗祠自昔皆肃穆"，并不妨碍它成为杀猪的现场。古人祭祖少不了猪头三牲，宗祠杀猪或许也算告慰祖宗：儿孙后辈现在有肉吃了。

——薛冰

肉票的样子

俞子正 [歌唱家]

一九六四年，我四年级，快到元旦了，天气已冷。

那年头，由于严重的经济危机，买什么都要计划，都要凭票，粮票、布票、香烟票，自然也少不了肉票。这些票每月下旬统一发放，要去居委会领取。因为元旦的票会比平时多，这个期待特别迫切，所以印象很深。

下午放学的路上，我去居委会领了全家下个月的全部票券，沿着河边的路回家，一路走一路数着这些票，每一张票都让我马上联想到那些米啊肉啊，那种对票证的感情，就是最动听的歌也唱不出来。

一阵风吹来，手一松，两张肉票被吹走了，肉票被吹到河里，顺水漂去，眼看就要沉下去了。

我想也没想，把其他票塞进书包，脱了外衣，跳进冰冷的河里，追了十几米，在两张票沉下去之前抓到了它们。

爬上岸，被风吹得好冷，正好路边是一个糖坊，就是加工冶糖的小工厂，我知道那里有个锅炉房，烧锅炉的师傅也认识我。我就贴在锅炉边，小心翼翼地把肉票放在炉边，自己也站在炉边烘衣服。

一会儿，肉票慢慢干了，有点皱。我把肉票夹在书里，用力压平，穿上烘干的衣服，高高兴兴回家了。

后来，搬家了，那个糖坊拆了，再也没去过那条童年的老街，只是在脑海的深处，还记得那条河，记得冬水的寒冷，记得肉票的样子……

关于肥肉的历史记忆

曹文轩 [作家]

小时候，总想长大了做一个屠夫，杀猪，能顿顿吃大肥肉，嘴上整天油光光的——油光光地在田野上走，在村子里走，在人前走，特别是在那些嘴唇焦干、目光饥饿、瘦骨伶仃的孩子们面前走。

在村子里，一个杀猪的屠夫竟是有很高地位的人，人们得奉承他，巴结他，得小心翼翼地看他的脸色。你要是让他厌烦了，恼火了，愤怒了，从此就很难再吃到好肉了。所谓的好肉，就是肥肉多瘦肉少的那种肉，厚厚的一长条肥肉上，只有矮矮的一溜瘦肉，七分白三分红，很漂亮。

那是一个全民渴望肥肉的年代。

土地干焦焦的，肠胃干焦焦的，心干焦焦的，甚至连灵魂都干焦焦的，像深秋时大风中胡乱滚动着的枯叶，它们互相摩擦，发出同样干焦焦的声音。天干焦焦的，风干焦焦的，空气干焦焦的，甚至连雨都干焦焦的。这是一个正在被风化的世界，一切都已成干土，只要一揉搓，就立即变成随风飘去的粉尘。"油水"在那个时代，是一个令人神往的词，是大词，是感叹词。摇摇晃晃地走在尘土飞扬的路上，身体扁扁地躺在用干草铺就的床上，干瘪的心想着的是流淌的油水，是枯肠焦胃的滋润。肥肉是花，是歌，是太阳。

　　一家人总要积蓄、酝酿很长很长时间，几近绝望了，才能咬牙豁出去割一块肉。小时候，对肉的盼望是全心全意的，专注的，虔诚的。在敲定了下一次吃肉的日子之后，就会日以继夜地死死咬住这个日子，一寸时间一寸时间地在心中数着。总怕大人反悔，因此会不时向他们强调着这个日子，告诉他们还剩多少天就要到吃肉的日子了。平时，即使吃饭也是半饥半饱，更何况吃肉！记得我都念高中了，一个月的伙食费才一块五毛钱，一天五分钱，早晚是咸菜，中午是咸菜汤，上面漂几滴油花。终于等到吃肉的日子，其实并不能保证你尽情地享受，有些时候，它带有很大的象征性——每个人分小小的一两块。于是，那时候，肥肉就显得弥足珍贵了——花同样的钱，瘦肉解决缺油的能力就远不及肥肉，只有肥肉才具有镇压馋涎的威力。肥肉的杀伤力，是那个时代公认的。那个时代，肥肉是美，最高的美。厚厚的肥膘，像玉，羊脂玉，十分晶莹，像下了很久之后已经变得十分干净的雪。凝脂，是用来形容美人的，而凝脂不过就是肥油，而肥肉是可以炼成肥油的。等肥油冷却下来一凝脂，就成了最令人神往的美质。

肥肉吃到了嘴里，于是它爆炸了！等待多时、只有肥肉独有的油香，立即放射至你的全身，乃至你的灵魂。你，一块几乎干涸的土地，在甘霖中复苏，并陶醉。后来，你终于平静下来，像一只帆船懒洋洋地停在风平浪静的水面上，没有了前行的心思，觉得所有的一切都已获得，什么样的风景都已见过，心满意足了。

而一个屠夫，直接关系到你对肥肉愿望的满足。这是他的权力。

村里只有一个屠夫，管着方圆四五里地的人的吃肉大事。姓李，高个，颧骨突出，眼窝深陷，皮肤黝黑，像南亚人。络腮胡子，又浓又密。大人小孩都叫他"大毛胡子"，当然只能背后叫。他既杀猪，又卖肉，出身于屠夫世家，杀猪水平超绝。将一头猪翻倒，再将它四爪捆绑，然后抬上架子，打开布卷，取出尺长尖刀，猛一下插入它的心脏，热血立即哗啦喷出，等那猪一命呜呼，再将它从架子上翻落在地，吹气，沸水褪毛，开肠破肚，一气呵成，堪称艺术，无人匹敌。卖肉的功夫也很好，问好你要多少钱的或是要多少斤两，就在你还在打量那案上的猪肉时，刀起刀落，已经将你要的这一份肉切出，然后过秤，十有八九就是你要的分量，最多也就是秤高秤低罢了。拿了肉的人，回家大可不必再用自家的秤核准。此人，一年四季总冰着脸。因为，他不必要向人微笑，更没有必要向人谦恭地、奉承地笑。无论是杀猪的刀还是卖肉的刀，都是那个时代的权力象征。

当他将半扇猪肉像贵妇人围一条长毛雪貂围脖般围在他的脖子上，一手抓住猪的一只后腿，一手抓着猪的一只前腿，迈着大步，咪咚咪咚地穿过田野时，所有见着他的人都会向他很热情甚至很谦卑地打着招呼，尽管他们知道，他们热乎乎地打了招呼，他未必会给你一个回应。但还是要打这个招呼的，因为，他是一个卖肉的人。你虽然不能总吃肉，但终究还是要吃肉的。正是吃肉的机会并不多，因此，就希望吃一次像一次样，而要做到这一点，就全看大毛胡子的心情了。准确一点儿的说法是，就看他能不能多切一些肥肉少切一些瘦肉给你了。

吃肉的质量问题，是一个很大的问题。

让大毛胡子高兴、快活，能在刀下生情，似乎比较困难，但得罪大毛胡子，或是让大毛胡子不快，刀下无情，却又似乎很容易。你积蓄了、酝酿了许久，才终于来吃这一顿肉，但他就是不让你如愿吃到你想吃到的肉。这或许是你在给人递烟时没注意到他而没有给他递烟，或许是你们同时走到了桥头而你忘记了先让他过去，或许是他一大早去杀猪，你正巧到门外上茅房，而你竟在撒尿的时候客气地问了个"你早呀"，他看到了你的手当时放在了什么不恰当的地方，觉得你侮辱了他……你在不经意间犯下了种种错误，后果就是你吃不到你想吃到的肉。也许，你什么也没有得罪他，但他就是不乐意你，烦你，你也还是吃不到你想吃的肉。你看着那块已经切下的没有足够肥肉的肉，心里不能接受，脸上略露不快，或是迟疑着没有立即接过来，他要么说一声"要不要？不要拉倒"，然后将那块肉扔到了肉案上，要么什么话也不说，就将肉扔到肉案上。你要么就连声说"要！要！我要"；要么就没完没了地尴尬地站着，结果是后来给你切了一块你更不中意的肉；要么就是肉都卖光了，你吃肉的计划破灭了。由于谁都想吃到想吃的肉，而谁都想吃到的肉是有限的，因此，当大毛胡子背着半扇猪肉还走在田野上时，这天准备实现吃肉计划的人早早就来到他家等候着了。等大毛胡子将半扇猪肉扔到了肉案上后，所有的人都不吭声，只是用眼睛仔细地审视着肉案上的肉，他们默默地，却在心中用力地比较着哪个部位的肉才是最理想的肉，等切过几块到了你想要的那个部位时，刚才还在装着好像仅仅是闲看的你，立即上去说："给我切二斤。"但你看到的情形是，同时有几个人说他要那个部位。当这些人开始争执时，大毛胡子咣当将切肉的大刀扔在了肉案上。买肉，买到了你满意的肉，心里很高兴，但许多时候你会感到很压抑。

若是你提了一块长条的肥膘肉走在路上，引过许多欣赏的目光，听到有人赞美说"膘好！好肉啊"的时候，你就觉得你今天是个大赢家。而若是你提了一坨没有光泽的瘦肉走在路上，别人不给予赞美之词时，你就觉得你今天是很失败的，低着头赶紧走路，要不顺手掐一张荷叶将那肉包上。

最好的最值得人赞美的肉，是那种肥膘有"一拃厚"的肉："哎呀，今天的肉膘真肥啊！一拃厚！"在说这句话时，人们会情不自禁地张开食指和大拇指，并举起来，好像是冲着天空的一把手枪在向暴民们发出警告。

我们家是属于那种能吃到肥膘"一拃厚"的人家。屠夫、校长，都是这地方上重要的人物，不同的是，校长——

我的父亲，是让人敬畏的人，而屠夫——大毛胡子，仅仅是让人畏的人。由于我父亲在这个地方上的地位，加上我父亲乃至我全家，对大毛胡子都很有礼（我从不叫他"大毛胡子"，而叫他"毛胡子大爷"，他很喜欢这个称呼，我一叫，他就笑，很受用的样子），他对我们家从来就是特别关照的。每逢他背回半扇肥膘"一拃厚"的肉，就会在将肉放到肉案上后，跑到大河边上，冲着对面的学校喊道："校长，今天的肉好！"他从不用一种夸张的、感叹的语气说肥膘有"一拃厚"，这在他看来，是一种不确切的说法，别人可以说，他不可以说，再说，这也不符合他"死性"的脾气。如果我们家恰逢在那一天可以执行吃肉的计划，就由我的母亲站在大河边上说要多少斤两的肉。我们家从不参加割肉的竞争，等肉案空了，人都散尽，我母亲或者是我，才带着已经准备好的钱去取早已切下的那块好肉。我至今还清清楚楚地记得，那块肉总是挂在从房梁上垂下来的一个弯曲得很好看的钩子上。有晚来的人，进了屋子，瞄一眼空空的肉案，再抬头观赏一番房梁上的这块肉，知道是大毛胡子留给谁家的，绝不再说买肉的事，只是一番感叹："一块多好的肉！"临了，总还要补充一句："肥膘一拃厚！"

这样的肉，尽管难得一吃，还是一直吃到我离开老家到北京上大学。

到了北京之后，吃肉的问题依然未能得到缓解，对肥肉的渴望依然那样的旺盛和不可抑制。许多往事，今天说起，让后来的人发笑——

那年，我们大队人马（有两千多师生）到北京南郊的大兴的一片荒地上开荒种地，后来我们十几个同学又被派到附近的一个叫"西枣林"的贫穷村庄搞调查，住在了老百姓的家中，白天下地与农民一起劳动，晚上串门搞采访，一天只休息五六个小时，身体消耗极大，而伙食极差。村里派了一个人，为我们烧饭，伙食标准比在学校要低得多，为的是在农民们面前不搞特殊化。实际上，我们比农民吃得还要差许多，也比我在老家时吃得差许多。

一天三顿见不到一星儿荤腥，一个多月过去了，就清汤白菜，连油花儿都没有。硬邦邦的窝窝头，实在难以下咽，就在嘴里嚼来嚼去，我们几个男生就互相看着对方的喉结在一下子一下子地上下错动。我觉得它们很像一台机器上正在有节奏地运动着的一个个小小的机关。这天夜里，我感到十分的饥荒，心里干焦干焦的，翻来覆去难以成眠，月光像一张闪光的大饼挂在天上，我的眼睛枉然地睁着，慌慌地听着夜的脚步声。这时，对面的床上，我最好的朋友小一轻轻问我："曹文轩，你在想什么？"我歪过脑袋："我在想肥肉！"他在从窗外流进来的月光下小声地咯咯地笑起来。我问他："你在想什么？"他说："我不告诉你！"我小声地说："你不是在想女孩，就一定也是在想肥肉！"他说："滚蛋！"我就将身子向他床的方向挪了挪，朝他咯咯咯地笑。不远处的几个同样没有睡着的同学，就很烦地说："曹文轩，白天就吃几个窝窝头，你哪来的精神，还不睡觉！"

第二天晚上，临睡觉之前，小一跑到门口，往门外的黑暗里张望了一阵，转身将门关紧，又将窗帘拉上，弯腰从床下拿出一个用废报纸包着的东西，然后将睡在这间屋子里的四位同学叫到一起，慢慢地将报纸打开——

"罐头！"

"罐头！"

我们同时叫了起来，小一下意识地回头看了一眼："小声点儿！"他将一个玻璃罐头高高地举在裸露着的灯泡下，让我们欣赏着。

灯光下的玻璃瓶发出多刺的光芒。里头是一块块竖着的整齐地码着的猪肉，它们紧紧地挨着，像一支在走圆场的队伍。

小一高个，胳膊也长，他举着罐头瓶，并慢慢地转动着：

"我在村里的小商店买的，是从十几只罐头里挑出来的，尽是肥肉！"

"肥肉！肥肉！……"我仿佛听到所有在场的人在心中不住地叫着。

接下来，我们开始打开这个罐头，头碰头，细细品味着。吃完之后，我们轮流着开始喝汤，直到将汤喝得干干净净。最后，小一还是将瓶子举起放在唇边，仰起脖子，很耐心地等着里面还有可能流出的残液。他终于等到了一滴，然后心满意足地舔了舔舌头。他将罐头又用报纸包好，塞到了床下，然后，神情庄重地说："对谁也不能说我们吃了罐头！"我们都向他肯定地点了点头。我们谁都知道，吃罐头是严重有悖于当时的具体语境的。

我们没有擦嘴，让肥肉特有的那样一种油腻的感觉停留在我们已多日不沾油水的嘴唇上。

这天，住在另一户人家的一个同学来我们这里传达学校的一个通知，才一进屋，就将鼻子皱了起来，然后，像一只狗那样在屋里嗅着，一边嗅，一边说："猪肉罐头味！"

小一说："神经病！"

我们也都说："神经病！"

那个同学看了我们每个人的脸，用手指着我们："你们吃猪肉罐头了！"

他将身子弯了下来，伸长脖子，使劲嗅着。

我们就不断地说："神经病！"

他终于将脑袋伸到了床下，好在床下一片黑暗，他什么也看不见。最终，他在我们一片"神经病"的骂声中总算放弃了寻找，向我们传达了学校的一个通知后，疑疑惑惑地走了，一边走一边还在嘟囔："我都闻到了，就是猪肉罐头的味道……"

这个同学闻到罐头味的那一天，距我们吃罐头的时间已经相隔八天之久……

读书期间，回过几次家，那时的农村，情况已稍有改善，吃肉的机会也稍微多了一些。大毛胡子惦记我，知道我回来了，就会隔三岔五地在大河那边喊："校长，今天的肉好！"然后对走过的人说："校长家文轩喜欢吃肥肉……"每次回家，总能吃上几次肉。不久，当我们从南郊荒地回到学校时，吃肉的次数也已经明显增加，对肥肉的欲望开始有所减弱。一九七六年夏天，却再一次经历了肥肉的煎熬——

唐山大地震发生后不久，北京大学派出上千名师生到唐山参加抗震救灾。十几辆卡车和大轿子车，一路颠簸，将我们运送到了实际上已经根本不存在了的唐山。在唐山，北京大学除了有许多诸如"与灾区人们共患难"的口号之外，还有一个硬性的规定："决不给灾区人们增添一份负担！"那意思就是，我们即使有钱，也不得在唐山消费，一分也不行。所有给养都是由北京大学从北京城运到唐山，学校车队的几辆卡车，昼夜不停地颠簸在北京与唐山相连的道路上，而那时的道路已经被地震严重破坏，往来一趟很不容易，况且余震不断，不时有桥梁再度坍塌或道路再度损坏的消息，维持上千号人的生活，极度困难，经常发生粮油短缺的情况。至于吃鱼吃肉，那就是我们的奢望了，况且，在那样一种家破人亡、一片废墟的情景中大吃大喝也不合适。我们要下矿，要帮助清理废墟，要深入医院、矿山采访写报告文学，在饥一顿饱一顿的状况下，一天一天地疲惫下来，一天一天地瘦弱下来，眼睛也一天天地亮了起来，是那种具有贼光的亮。想吃肉的欲望，想吃肥肉的欲望，一天一天地，像盛夏的禾苗轰隆隆地生长着，尽管空气里散发着腐烂的尸体气味，令人有呕吐的感觉，但吃肉的欲望并没有因此有所消弱。

就在众人嘴里要淡出鸟来时，学校车队历经千难万险，运来了一车猪肉，伙食房马上接下这批猪肉，开始为我们这些早已面有菜色的师生制作红烧肉。当伙食房里的肉味以压倒性优势将腐尸的气息打压下去时，我们一个个欢笑颜开地望着从简陋的烟囱里袅袅升起的炊烟，觉得那烟里也有肉味。

这一回很过瘾，每人可以分得一钵纯粹的肉。

但吃了这顿肉，就不知猴年马月再吃肉了。因此，很多人不想大快朵颐只图一时痛快，吃得很有节制，慢慢地吃，慢慢地尝，反正都是自己的，也没有人跟你抢。有个上海同学，吃得很精细，并且他说服了自己，将一顿的肉分成两顿吃，中午一顿，晚上一顿。先吃瘦肉，再吃肥肉，把过大瘾的时间放在最后。等我们这帮寅吃卯粮没有计划的人将钵中的肉吃得干干净净、已没有任何吃肉欲望地洗刷钵子时，他的钵子里还有不少清一色的肥肉。他双手端着钵子，特意在我们面前走过，那意思是说：你们这帮家伙，都是一些不会过日子的人！

我们都有点儿后悔自己的贪婪。

那位上海同学将这些肉很细心地在钵子里整理了一下，然后爬上上铺，将钵子放在头顶上方的小小书架上，然后，就躺在床上开始学校规定的一个小时午休。

吃了肥肉的人是很容易困的（我一直以为肥肉是醉人

的），不一会儿我们都昏昏入睡。就在大家睡得正香时，一次特大的余震来了。顷刻间，临时搭建的地震房激烈摇晃并激烈颤抖起来。就在大家的大呼小叫之中，那位上海同学忽发一声惊呼，大家扭头看他时，就见那只钵子不偏不倚地倒扣在他的脸上。大家一时忘了地震的恐惧，都大笑起来。他抹了抹脸，下意识地舔了舔流淌到嘴边的肉汁。在他那张被肉汁弄得模模糊糊的脸上，我们依然看出了一脸的懊恼。

直到晚上吃饭，他还在唠叨："早知道，我就中午都吃了……"

那时，我们谁也不会想到，多少年后，吃肥肉竟会是一种有勇气的行为，是好汉才干的事情。现在，一盆切得很讲究的方肉端上桌来了，就觉得那是一个危险所在，是陷阱，是地雷。吃一块时，脸上的表情有英勇就义的意思。若是桌上有妇女，男人就说："吃一块，肥肉是美容的。"彼此都知道这是骗人的，是男女之间的一个游戏。

我的孩子一度比较瘦弱，就想让他吃一点肥肉，但这是需要收买的，吃一块肥肉五块钱，后来上升到十块钱，再后来，就是天价，他也不吃了。有朋友告诉我，他的女儿一看见肥肉，竟然控制不住地发抖，说那肥肉会动，是一条颤颤巍巍的虫子。

　　至于说到大毛胡子，十年前见到他时，就已垂垂老矣，但老人还以卖肉为生，因为他的儿子们不肯养他。而如今，这地方上，包括他的两个儿子在内，已经有好几个屠夫和卖肉的了。他们都把肉案子摆到人来人往的桥头上，进入了暗暗的却是无情的竞争状态。我每次回家，若是我自己去买肉，就一定直奔老人的肉案，若是母亲或是妹妹们去买肉，我就一定会叮嘱他们："买毛胡子大爷的！"

　　如今肥肉成了让人讨厌的东西，连猪的品种都在改良，改良成只长瘦肉不长肥肉的猪。这种猪肉总是让人生疑。

　　在桥头转悠时，一次，我见过一个年轻人嫌老人割给他的肉肥肉太多，很不高兴地将那块肉又咕咚一声扔回到老人的肉案上，一句话没说，扭头就走。

　　背已驼得很厉害的老人，没有一点儿脾气，一双早已僵硬的手在油腻的围裙上搓了又搓，尴尬地朝我笑笑……

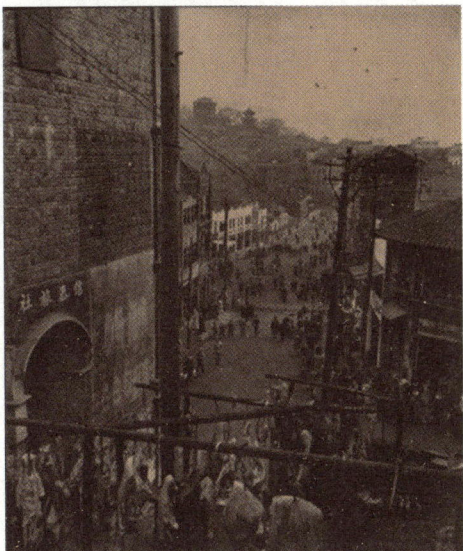

　　这该是改革开放之初的景象了，市场上已经
有了无须凭票供应的猪肉，但远不够充足，故而
引起抢购。有肉可抢，较之无肉供应，已是历史
性的进步。

——薛冰

革命肥肉

池莉 [作家]

一代人有一代人的记忆，饥饿感觉却永远同样：饿是疼！

我们这一代人，最刻骨的记忆，大约就是饥饿了。六十年代初，遭遇了持续三年的大饥荒，城乡处处是营养不良面黄肌瘦有气无力的人，树皮草根也被挖去果腹，饿死人的事情到处发生，饥饿成为全国人民的绝对恐惧。

而我个人对于饥饿的感受，却来得复杂得多。原因很简单：我们家族的全体成年人，出于护犊的本能，一方面省出自己口粮，一方面不惜动用几辈人积累的家底，确保他们后代能够吃饱饭。对于个别重点孩子，还保证了优质营养。我有幸成为这个重点孩子。幼小的我，以自己良好的长势和聪明秀丽，被家族挑选了出来。祖父辈以他们深厚的爱和希望，每天守候我，在我吃饭之前，哄走或者赶开别的孩子，喂我吃鸡蛋或者肉食。且他们还固执又悲壮地坚持了中国传统文化的培养和教育，大家闺秀的细嚼慢咽温文尔雅被始终贯彻执行。贪馋的饕餮相被我外公外婆毫不留情地杜绝。他们坚信饕餮相就是穷相和贱相，那会导致子孙后代的卑贱和猥琐，将世代受穷。所以……所以我不懂饥饿。

当全国人民普遍饥饿的年代，幼小的我并不饥饿。当我最初具有他者意识的时候，万分震惊地发现一个瘦弱的邻居小女孩子，在婚宴的餐桌上，抢了一大片粉蒸肉，她把肥嘟嘟的肉片飞快地埋进她的饭里，夺口而吃，吃得勇猛无畏，眼睛贼亮，额头冒汗，满脸放出幸福光彩。而我，从来还不知道肥肉有这么好吃！意识一旦发生，灵魂的不安很快降临，一种冷酷的现实摆在我的面前，那就是：我和大家不一样！我不在"大家"里面！我，一个孩子，以一己的渺小和微弱，面对着大多数人的嫉妒和排斥！我惶恐了，我警醒了，我开始思想了。这个时候"文化大革命"又恰好来临，特权阶层受到广大革命群众的猛烈批判。吃肥肉的小女孩摇身一变，成为我们小学生中最具有革命性的红小兵；而我沦为人皆不耻的黑五类子女。我怎么可以不羞愧？饥饿的道德力量是这样的强大，肥肉与瘦肉自然前者是革命的而后者是保守的腐朽的修正主义的。我开始反感自己的家族而羡慕穷孩子和他们的饥饿感。我渴望以那种饥饿感去体验吃肥肉的小女孩的快乐和幸福。我渴望成为中国人民和革命群众的一员。那年代，凡以穷人的名义，以社会公平的名义，以革命的名义，以瘦骨嶙峋的保尔·柯察金的名义，以在监狱里顽强绝食的刘思扬的名义，以饥饿困顿双目炯炯的牛虻的名义，都足以让我青春的热血激荡和沸腾。终于，盼望已久的时候到来，我高中毕业了，我迫不及待地写了大红的决心书张贴出去，积极要求立刻奔赴农村，绝对不要再做无聊的温室花朵。

正是农村这个广阔天地，满足了我对肥肉之香的渴望。作为一名知青，我获得了自我革命的强大理由，可以坚决拒绝家长的汇款，坚持与广大贫下中农同吃同住同劳动。于是很快，饥饿就上身了。原来我自己一年到头的辛苦劳动，不足以获得报酬。除了国家规定的知青口粮之外，我再没有任何钱去购买任何食品。日复一日的超强体力劳动与正在生长的身体使得饥饿感飞快地加强加深和加重。我终于知晓了饥饿的秘密。但也正是由于饥饿，我归队了。大家接纳了我。我成为了广大知青的一员。我成为了人民。每当男知青要去偷鸡摸狗，他们会叫我烧灶膛。大家的叫唤让我如此温暖和感恩。

　　人生盛事是突然来临的。进了腊月，到快过年了，有一天，突然听说大队要杀猪！而且要请我们几个没有提前回家坚守农村战斗岗位的知青到大队部去，和干部一起吃肉迎接革命新春并以资鼓励。头一天的夜饭，我们就故意没有吃饱，留下空腹去迎接美好明天。翌日早上，红日东升，我们几人就迎着朝阳早早跑到了大队部。在大队部整整一天，我亲睹了紧张的杀猪以及分配猪肉以及架起大锅烹煮猪肉的全过程。大队部里外人山人海，民兵持枪维持秩序，干部或严肃地反剪手臂发出指示，或一手叉腰和蔼可亲。杀猪佬人手不够，除了专业屠夫还有业余杀手，是大队赤脚医生，他在血腥场面中闹出许多笑话。好家伙啊，那一番张牙舞爪，人嘶猪嚎，真是气势磅礴，蔚为壮观，让我心情激动久久不能平静。夜幕降临，我手里捧上了一大碗萝卜煮肉！我用筷子夹起一片厚厚的肥肉，只见肉片微微颤动膘光四射喜气洋洋。那个吃肥肉的小女孩，唰唰地穿越时空来到我眼前，令我浑身发抖，热泪满眶。我低头咬了一口，竟然中邪一般耳鸣不已，脑子里隆隆有声，奇异的肉香五味翻涌。这一年我十八岁，我终于体验了那小女孩的香甜与幸福。那一天我发现了一个真理：肥肉真好吃！

下雪了，在乡村的土屋里猫冬。用当年的晚稻新米，蒸出水光油滑的白米饭，切一把小葱葱花，撒一抹子细盐，最后小心翼翼拧开罐头瓶子，用筷子挑一小坨白花花的猪油——这是那一天大队书记给予知青的奖赏。将这一小坨猪油插进热气腾腾的新米饭里，和着葱花与细盐，轻轻地搅拌搅拌，送一口到嘴里：刹那间，山清水秀风和日丽世界变得如此可爱！

后来，慢慢地，我还是更习惯吃瘦肉。慢慢地，连猪肉都少吃起来。慢慢地，我还是更喜欢离群索居。我踽踽独行在人群之外自得其乐，人民那个问题早已不复存在。革命也不再可以随意地让我热血沸腾。谁以谁的名义举起任何旗帜，都无法动摇我的心旌。唯有肥肉那浓烈的油腻的香，从此无法淡去。因为想念，每年总有一两次，我还是要做做红烧肉的。带皮的五花肉，肥肉部分不能太少，炖得酥软颤抖，色红如醉枣，质地晶莹又剔透，含到嘴里就化，吃一口便忍不住要拍案惊奇，道：好！

三块肥肉

朱疆源 [编辑]

大会战、小会战、中会战，打擂台，放卫星，插红旗、拔白旗，大竞赛、小竞赛，擂台赛，班级赛、小组赛、个人赛……这名目繁多、大大小小的会战和赛事，已让头顶星星去上工、身披月光才收工的战三秋（秋收、秋翻、秋种）的"小将"们个个筋疲力尽了。这些小将是新疆建设兵团某团子弟学校的四、五、六年级的学生，他们的任务是拾棉花，把大朵大朵在戈壁绿洲上培育出的优质长棉绒，从棉秆上采下来，由工人压成上百斤的大包，送到棉纺厂织布。

学生与职工一样，每人每天的定额是 50 千克（据说，学生年纪小，没有腰，眼快，手快，拾得比大人快，所以定额与职工一样）。由统计员拿大喇叭在田里广播每人每天完成定额的百分比，由此决定谁的战绩大。完成定额 150% 以上的，可以拿到在白纸上印黑字的奖状；完成定额 170% 的，可以拿到白纸上印红字的奖状；完成定额 200% 以上的，可以得到一个小本本作为奖励。频繁的赛事和繁重、紧张的劳动，加上肚子前吊着的沉重的拾花包（采的棉花先装在拾花包里，等采满一大包，才能倒在地头的筐子里），使许多同学都直不起腰了。在打饭时，有些同学都是撅屁股躬腰，身子成了直角，腰疼得直咧嘴，有些女生眼里含着泪花。渐渐地，两样奖品对同学们失去了吸引力。原因有二，一是实在干不动了，二是那奖状擦屁股太硬，写钢笔字又不吸水。而小本本的纸又太粗糙，写钢笔字时老"下蛋"（钢笔掉水）。

一天上午，统计员用喇叭喊出一个惊人的消息，"今天会战的奖品是'红烧肉'，第一名奖励一斤肉，第二名奖励七两肉，第三名奖励四两肉"。统计员喊了几遍后，便在扁担的一头用草绳挂上三块大小不一的肥肉，并在空中挥舞了几下，然后插到了地头。三块肥肉在太阳光的照射下，在蓝天的衬托下，闪闪发光，肉皮红亮，肥膏白亮，不带骨头，太阳一晒，还往下滴着油。

每天两顿玉米发糕加煮白菜，晚上摸黑吃不知什么瓜的"瓜菜代"（无粮食，只有瓜和菜做的粥）的少男少女们，看着这三块肉，口水都流下来了。

黄桂英是河南逃荒来新疆的，她年龄最大，已十五岁了，个子也大，虽然学习不好，但干活是一把好手，外号穆桂英，比赛她总是第一。她首先欢呼起来，那块大的肉她要稳吃。其余两块，几个男生跃跃欲试。我只有咽口水的份了。因为我完成定额已经不容易了，连我羡慕的擦屁股太硬的奖状也从未得到过一张。

我每拾满一包棉花去往地头筐里倒的时候，都忍不住在肥肉前站一小会儿，那肉香味儿是那么诱人。有一次，我实在忍不住伸出手指刮了一下肥肉，然后迅速跑开，躲到棉花地里吮吸着沾了油的手指，咸咸的，感觉真好。我发现，每一个去往地头筐里倒棉花的同学都会像我一样，在肥肉面前站上一小会儿，他们可能和我一样馋吧！

晚上统计战绩时，统计员发现，挂在地头的肉少了一块，是七两的那块。

用几块砖头垒成的领奖台上，站着拾棉能手黄桂英，手里捧着她想要的那块肉。在老师和领导批评是谁偷吃了第二名的那块肉的同时，黄桂英腼腆地、迫不及待地背过身去，当她骄傲地、美滋滋地再转过身的时候，手里捧着的肉没了。我看见她的嘴在微弱的灯光下闪着油光。

丁丁哭了，因为丁丁今天得了第三名，那四两肥肉被第二名吃了，丁丁只得了一张奖状。

统计员说，小同学，别哭了，过几天是中秋节，地头还要挂月饼呢，争取吃月饼！有人悄悄说，肯定是玉米做的。

丁丁和同学们盼望的地头挂月饼始终没有出现，因为上级领导说，那是赫鲁晓夫的修正主义"物质刺激"。

饥饿年代的肥肉传奇

常万生 [学者]

对肥肉的憧憬是中学时代一个长长的梦。这梦境曾反复出现，像是一部极具诱惑力的电影老片，百演无休，百看不厌。这梦境的频繁上演，带给我美好和香甜，向往和遗憾。梦境中的肥肉简直美极了，几十年后仍然历历在目：那块似乎是天外来物的肥肉或是方方正正地棱角分明，肥油饱满；或为条状长方体的顶端带着点酱红色的瘦肉，像是一块镶嵌着鸡血石的白玉，有的又如一片新藕，晶莹剔透。肥肉的颜色白嫩而细腻，白嫩得几乎透明，细嫩得如同凝脂，颤颤巍巍地散发着诱人的色泽和香气。肥肉软软的，放在嘴里不用嚼，含一会儿就化了，不知不觉就咽了，咽了以后才觉得这动作又太过于草率和轻易，竟至于惊醒：这么好的一块肥肉怎就让它如此迅速地消失了呢？但后悔已无济于事，只能痴痴地回味口中似乎尚存的余香，体会着腹中仿佛有过的充实和滋润。

梦境是美好的，却是虚无的，但那时我却宁愿享受这虚无，并执著地相信它的真实，因为这美好的虚无总比现实的饥饿能够得到一点心灵的慰藉。

上个世纪六十年代，我们的国家经历了严重的经济困难。于是，对肥肉的向往成了人们的普遍追求，肥肉也因此变得身价陡增。那时有人去北京出差，总要给别人带很多东西。带什么？带肥肉。"去北京吗？给捎二斤肉来，要肥的！"一人捎二斤，出差的人回来时就会超负荷。因此当时流传着这样的话：出差的像头驴，重驮满载走千里。又有传言曰：北京卖肉的最怕东北人，把东北人称之为东北虎，见东北人来了就把肉藏起来，因为他们得首先保证供应北京人。

我家也曾请人捎过肉，当然是肥肉。不过我几乎从未吃过真正意义上的肥肉，因为肥肉捎到家便被母亲消灭了。先是切成碎块，然后倒进烧热了的大铁锅里，随着嗞啦啦的一阵响，肥肉块变成了油，熬到一定的火候，母亲停止烧火，待锅里的油凉了用笊篱捞出油索子，将油一勺一勺地舀到坛子里。这被液化了的肥肉是用来炒菜用的，每次放一小勺，油索子剁碎后包包子，所以，这来自首都北京的珍贵的肥肉我从来没有完整地吃过，吃到的只是它的另一种形态。

另外还有一种并非肥肉的"肥肉"让我记忆犹深，这就是榆树皮。贮木场有的是大木头，其中不少山榆木。山榆木皮很厚，是当时我们林区百姓主要的代食品。我每次回家都要和弟弟们一起去剥榆树皮。有一个专用小铲子，是将一段钢筋的一端砸扁成铲状，再淬火磨快，铲榆树皮最好使。山榆木的树皮有两层，外面那一层是老皮，不能吃，回来后要剥掉，剩下那一层是嫩的，也很厚。我们林区人一般是把它晒干，磨成面，掺点面烙饼吃。我们小孩子都喜欢生嚼，挺顶饿。我带回学校的榆树皮是经我加工过的，就是将那嫩的一层切成一块块小方块或长方块，像肥肉块一样。我并不是刻意要把它做成肥肉块状，而是做成之后产生了这样的联想。我当时特陶醉这联想，因为它大大地提高了这榆树皮的品位，也增加了我在嚼榆树皮时的快感。于是，我像对珍贵的肥肉块一样把它们包成数包，留着一块一块慢慢吃。

肥肉

王行恭（中国台湾） [设计师]

一块平凡的肥肉，对于我的童年，竟然显现出了它的不平凡。

几年前的一个突发状况，医生的诊察结果，告诫我得严格管控饮食，尤其不准再吃肥肉。无论是什么肉，反正只要是肥肉，一概列入禁区，严禁越雷池一步，否则后果自负。理由是胆固醇过高、血管壁油脂超标、心脏肥大，肝脏更是像肥鹅肝一样，已成为脂肪肝，濒临质变的危机。我躺在医院的病床上，仔细地回想我这一生：除了爱吃甜食、疏于运动之外，体型还说得过去，并不属于肥胖那一族群，为什么落得如此下场，真是有点说不过去。

幼年时期，家庭条件困顿，父母离乡背井，落难到台湾，自顾不暇还得受我们几个孩子的拖累。大人们有一顿没一

收件人　潘我源　收
地址　上海淮海中路285弄72号
寄件人　吴雪玉代付
地址　寄便這正3号五樓C
货名　植物油　償值租（X）　62年6月18日
SMALL PACKET POST
小包郵件　62日　№　14419　經手

說　　　明

1. 本店代寄各地郵包，純粹爲顧客服務，快捷妥當，手續免費。
2. 凡在本店或港九各分號購寄郵包者，一律發給此項收據，以作顧客隨時查詢之用。
3. 如有退回郵包，恐日久變質，本店恕不收回。

同順興南貨號・同興醬園

總店：香港租庇利街七號	電話：	443203 / 444226
分店：香港租庇利街八號	電話：	448050
分店：北角春秧街八〇號	電話：	772416
分店：九龍上海街四六號	電話：	660623
分店：九龍加連威老道二〇號	電話：	65820 / 64578

顿的，节约一点也还能对付得过去，可年幼的我们正值成长期，说什么也得饱餐，这可难为了母亲。记得陪母亲上市场提菜篮，好像是我这为人子的当仁不让的工作。每次经过肉摊子，母亲总要翻东拣西的，专挑肚皮那块板油厚的五花肉。因为这块五花肥肉，对我们家来说，提供了百分之百物尽其用的价值。猪皮切丁，卤过之后做成了水晶冻，洒上蒜末葱花是一道可口的凉菜。板油烙过之后，可提炼出日常炒菜用的猪油，不但省下一笔花生油钱，还提供我们成长所需的胆固醇和卵磷脂。那所剩无几的瘦肉，剁碎之后成了韭菜饺子的馅料。至于烙油剩下的副产品——油渣儿，也就成了点缀在小白菜清汤里的油花了。这是我童年生活中，对于母亲智慧的记忆印象最深刻的部分。现在回想起来，那个年代母亲们的所作所为，竟然和现代医学的主张背道而驰，真有点说不清楚的昨是今非。

近来翻找一些旧物，不意竟翻出早年有港澳关系的亲友们，透过中间人给内地亲朋转寄日用杂货的水单，其中猪油竟是大宗。那是一九六二年的事，那一年我正好十五岁，坐在厨房的小板凳上，帮母亲盯着油锅，怕油渣糊了。

过节

蔡玉洗 [出版家]

绘画　李津

　　一九六〇年农历十二月二十三日，樱山公社党委为了让农民过好春节，决定宰杀公社养猪场的肥猪。樱山公社共有十七个大队，一个大队一个集体大食堂，每个食堂一头猪。这事放在今天，真是件小事；可在当时就是一件全公社人民生活中的大事。

　　当时已经传说安徽有人饿死，我们公社虽然没有人饿死，但浑身浮肿的人不少。大食堂临近年关，已经断粮多次，从外地不时有少许粮食调过来，但僧多粥少，远水解不了近渴，饥荒迹象大显。在这种情况下，公社党委能宰十七头猪分到各个大队，此事对于处在饥荒中农民和干部的意义就可想而知了。党委为了确保此事万无一失，把十七头宰杀好的猪肉保存在公社食品站的库房里，由公社人武部戚部长负责安全保卫工作，第二天一早再分送到各个大队的食堂，体现党和政府对农民过节的关心。

戚部长刚从部队转业下来，对此项任务不敢怠慢，他从公社所在地的夹滩大队抽调四个基干民兵到公社食品站，由大队民兵营长宋应华带队分班看管这批猪肉。因为不能睡觉，戚先陪他们打牌，到夜里十二点，农村的冬夜特冷，大家又饥肠辘辘，都有点顶不住了，但碍着戚部长的面子，大家还是勉强支撑着。也真是无巧不成书。十二点刚过一点点，戚部长的老婆打电话到食品站，说戚部长的母亲本来就有病，再没有吃的，饿昏了，叫戚快回家看看，戚匆忙交代宋营长几句就赶回家去了。

戚一走，四个基干民兵中的张以树赶快把牌收起来，从身上掏出一把小刀，宋应华一看急了："以树，你想干啥？""吃肉！"他说得很坚决。大家愣在那里，还没有回过神来，就听他说："看我的。"没等别人说话，他的刀子飞快，转眼间就在吊着的十七头猪的脖子上割下了十七片肉条子，又熟练地把十七个猪头翻过来割下了另十七片肉条子，他割得是那么神速、准确、均匀，像表演一样，大家的眼睛只能随着他的刀子在转。

到此时大家都明白了，他在犯罪，他在铤而走险。他们觉得张的做法是有预谋的，起码在打牌的时候他就在琢磨如何作案了。宋应华很恼火，觉得张以树太过分，对自己这个民兵营长也太不尊重，起码应该在做这件事情前要和他商量一下，因为此事要是被上面知道了，张肯定是首犯，但自己也吃不了兜着走。但他也不是傻瓜，如果现在他反对这件事，必然成为众矢之的，如果报告上级，张以树必定要倒霉。他们都是一个村子上的邻居，从小就在一起长大的伙伴，他要这么做也要被村里的人骂死。再说，自己也实在饿得不行了，以树也为大家考虑了，他这种做法能让他们既吃了肉又能安全不被别人发现。这样一想，他就心安了不少，三十四块肉条子，五个人来吃，真是一顿美餐！但怎么吃呢？肉是生的，深更半夜，到哪家去煮呢？张以树好像早就胸有成竹了，他对宋应华的小叔宋能说："你去弄筐木柴来，如果遇到人就说天太冷烤火用的。"柴火弄来之后，他们就开始用一个洗脸盆子火上煮肉。

此事如果到此结束，也许是一件大家埋在心里永远的秘密。可是不幸的是，他们五个人天没亮就统统住进了公社卫生院，他们到现在也不明白是怎么回事，当肉香飘起来的时候，他们感到心里的享受是举世无双的，他们到今天也不明白为啥吃这么香的肉还会腹泻得那么厉害，他们也不明白告发他们、让他们在全公社游乡示众、受尽屈辱的戚部长为啥要在他们腹泻的当口回到了食品站。

关于肥肉的隔年记忆

丁方 [画家]

　　二十世纪六十年代初的三年自然灾害期间，我七岁左右，刚上小学一年级。就是在这时，"五花肥肉"第一次刻入我的记忆中。从那时起它对于我来说，代表着天下最香的东西、旧社会土豪劣绅生活的象征、供桌前最好吃的祭品、过大年的标志、使所有人可以获得神奇力量的物质……每当我注视着一块标准的五花肥肉时——它以肥为主，细条的瘦肉被宽大的肥肉滋润得晶莹透明，最下面是酱红色的肉皮，构成一个完美的形状，肚子里便充满了难以形容的涌动，馋涎则不必说了。到了二十世纪七十年代，五花肥肉对于正值青春发育期的我而言，就更加具有一种不可抗拒的吸引力。记得一九七二年到乡村"学农"期间，虽然每顿吞食数碗米饭撑得肚儿圆，但还是整日感觉饥肠辘辘，原因很简单，三个字："缺油水"！这种缺油水的感觉伴随我度过了整个中学时代。在农村的那段时光，因为整日干田间活计，所以身体吐故纳新十分旺盛。周末空闲下来时最爱看杀猪，它等同村里节庆仪式，村民们喜笑颜开、互相追打，每人都笑纹淹没五官，感染力极强。大家目不转睛，观看杀猪高手们的操作过程，从开膛剖肚、滚开热水脱毛的臊臭转换到香喷喷的美肉，只需数小时，其过程之神奇，令人不可思议！它的魅力在于有着生理原始动力方面的支撑，甚至具有一种永恒感。

最后一个插曲必须提及，村里曾流传一个关于五花肥肉与"杀饥良方"的故事：为狠杀一下肚里时常跑出来捣乱的不安分的饥饿感，炖肉时特意在半熟时将肉往凉水里一浸，然后接着再炖。这样，肉不仅半生不熟，而且有一股油腻腥味，吃几块就被打倒，搞不好还要跑肚，但这种做法却在治疗饥饿感方面十分有效，屡试不爽。据说，有经验的大家族的主妇，常用这方法来对付年轻人——尤其是那些不知天高地厚的小伙子们如狼似虎的食欲。

这是关于肥肉的隔年记忆，如今抖落出来以飨今天那些已"不知肉滋味"的读者们一笑矣。

明香

林达 [作家]

世界真可以是反的。今天养猪场居然要养瘦肉型的猪，我们小时候要是听到这种事情，一定觉得这养猪的没良心——油票肉票发得实在太少，父母尽量省给我们，这一代小孩还是见一点油星子就眼睛贼亮，不要说见一块肥肉了。

十六岁，学校不让读书，却封个"知识青年"头衔撵我们下乡，插队落户的地方是小兴安岭深处的鄂伦春自治村。鄂伦春是游猎民族，按说应该不缺肉。可"学大寨"无孔不入，一是要猎民学种地，二是批"养猪不如猎（野）猪"的"错误思想"。

鄂伦春人总还是想办法去打个狍子。百多号知青开了大食堂，却不会打猎。不要说肉，油也没有。每顿饭一口巨大铁锅，总是挑上几桶水倒下去，切几筐白菜、西葫芦，熬熟，然后炊事员拿个小勺，倒上一点点油，到后面灶洞里扒出点炭火，烤热小勺油，再浇在大锅里，端上碗一点闻不出油味儿。就这小勺油还常常中断。肚里没油水，一天照样十几个小时熬在大田里，知青们馋油都快馋疯了。

所以批判"养猪不如猎猪"后，村里开始集体养猪，知青乐观其成。可惜，那里最冷零下 48 摄氏度，无霜期最短的时候，一年只有 57 天。有新猪投生，就有旧猪升天，小猪总是先像人一样咳嗽，咳着咳着，摇摇晃晃，就在雪地里扑通倒下。养猪好几年都一样，到年底数数，猪数就维持在神奇的大小 36 头。不增产，要吃肉也指望不上。

就是那个时候，我才知道人也可以是反的。有人就是再缺油缺肉，也因为天生的心理抗拒不吃肥肉，明香就是。

明香原本不叫明香，来自书香门第，有个清雅名字，叫明纯。我们认识是在去黑龙江的火车上，那是一九六九年，她才十五岁。一开始听说小孩初中还没毕业，非写了血书提前一年来黑龙江不可，就不解她中了哪门子邪。后来知道，她父母都因政治问题在隔离审查，两个哥哥一个去了黄山茶林场，另一个去了黑龙江军垦农场。她也是一走了之。

她有点清高，有次对大家说，她不喜欢俗气的名字，什么香啊花啊的。大家一听立刻欢天喜地齐声说："好啊，那以后我们就叫你明香啦！"明纯性格有点"拗"，谁要和她争论什么，最后总要被她活活气死。这一次是她拗不过大家，经过她一万次的生气和不理睬，终于在被气死之前的第一万零一次，接受了明香这个名字，从此也变得随和很多。

那时偶尔队里给知青食堂一点狍子肉，一碗面片汤上能漂一两片肉片，就都提前奔走相告，此刻不吃肥肉的明香就是世界中心。大家会很认真进行如下对话。

第一个对话：明香，你今天的肥肉给我吃好吗？好的。

然后，是对象不同、不断重复的相同对话：明香，你今天的肥肉给我吃好吗？对不起，我已经给×××了。哦。

其实狍子和鹿是一回事，很少有肥肉。

总算那年中秋节，队里破天荒杀猪，每人都分得一小碗肥肉。大家欣喜若狂，没料到长期不沾油水的肠胃已经不肯合作。八十多人合住的大屋子，可想这一夜多热闹。唯有明香，酣酣地，睡得很沉。

　　这也是那个年代的表演。柜台前的顾客，眼
光不看猪肉，而在柜台后方拍照片的人身上；这
种有组织的"卖肉"场面一再出现，某种程度上
证明了猪肉的匮乏程度。

——薛冰

找肉

申赋渔 [作家]

　　刚上小学的那段时间，村子里的孩子们特别痴迷收集火柴盒。农村里火柴的品种比较单一，所以收集比较困难。有一次，我家西边的三碗叔，不知从哪里买了一打罕见的火柴。图案是一个古代美女，印在薄薄的纸上，贴在火柴盒上。因为难得，大家都虎视眈眈地守着，等火柴用光，盒子空了，立即抢走。

　　那天放学回来，我扔下书包，拔脚就朝三碗叔家跑。进他家门的时候，一头撞在三碗婶的怀里。三碗婶斥责我："莽张飞。"边说边走出门去。我顾不得理她，一头钻进厨房，在她家的灶台上下到处摸索。摸了半天，只有一只刚用了半盒的火柴，不好拿，满心失望，空手而归。

晚上，我盛了一碗大麦稀饭，因为嫌烫，正低着头吹气，忽然三碗婶哭哭啼啼闯了进来。

"大鱼儿，可曾望见我放在釜冠（锅盖）上的肉？"

我茫然无措地摇摇头。

三碗婶哭起来："讨债鬼今朝生日，我让三碗头去称了点儿肉。讨债鬼，今年一年还不曾尝过肉星子。哪晓得，肉放在釜冠上，我到园田里去挑了两根菜，家来，肉就没得了。我出门的时候，撞到大鱼儿往锅上跑，就来问问。"

"我没看到。我找火柴盒的，没找到……"话没说完，父亲劈头就是一巴掌，头撞在碗上，一碗稀饭泼翻在桌上。

"我没看到肉。"我哭喊着，眼泪掉下来。父亲扬手又要打我，被奶奶拦住。

"你什么时候看到我家伢儿拿人家一个针线的？你不要见到风就是雨。"奶奶一把抱我过去，护在怀里。

父亲从抽屉里拿了手电筒，对三碗婶说："不要急，你不要在这里哭，我跟你找去。找不到，我称肉还你。"

奶奶听父亲要称肉还她家，急得匆忙牵上我，跟在后面，一起去三碗叔家。

三碗叔蹲在门槛外面的屋檐下，抱着手臂，一声不吭，看我们过来，也不站起身来。显然已经找了一阵子，找不到，在生闷气。三碗叔六岁的孩子，手里端着个土霉素瓶子做的煤油灯，抽抽泣泣，还在床前桌脚地找着。

　　父亲先在锅台上找，连放灶王爷像的木牌后面都找了。接着又打开碗厨找，在地上找。奶奶用一根木棍，反复地捅着他家的炉灶。三碗婶淌着眼泪跟在后面，既不帮忙，也不说话。小孩牵着她的衣角，亦步亦趋地跟着。

　　厨房里找完，父亲又到堂屋找，堂屋找了，又在卧房找。他是知道的，我不会偷肉。可是，如果找不到肉，那就是我偷的。父亲的眼里直冒火，他一看我，我就躲到奶奶的后面。

　　三碗叔还在门口蹲着。他是个老实人。平时看到我，从来都是笑眯眯的。在家，也一直是被三碗婶吆来喝去。整天只知道干活，很少说话。

　　该找的地方都找了，父亲、奶奶、三碗婶，呆呆地站在堂屋的中央。我的心里惊恐万状。看我们不找了，三碗叔的儿子，去拉他，说："爸爸，我要吃肉，我要吃肉。"三碗叔反手一巴掌，打在他屁股上。他大哭起来。三碗婶冲过去，一把把他推坐到地上，哭着说："你还有脸打孩子。"

三碗叔站起身来，重重地给了三碗婶一巴掌。这是我们第一次看到三碗叔打三碗婶。三碗婶呆住，不哭了，也不闹，就呆呆地站着。三碗叔走到我父亲身边，对父亲说："哥，你回去，没你们的事。大鱼儿是不会拿我们家的肉的。这个孩子我知道。不要难为孩子。只怕是被猫狗拖走了。"

　　父亲无言以对，什么也没说，扯着我的手往家走，我不肯跟他走。我知道，他拖我回家，是要打我。我死命地拉着奶奶的衣服。奶奶用双臂护着我，骂着父亲。让他走，让他不要回家。

　　父亲走了，奶奶牵着我，慢慢往家走。回家要从三碗叔家左前面的养猪棚门口经过。里面的猪发出一阵阵哄闹声。一家人忙着找肉，连猪都忘了喂了。

　　已经走过棚子门口了，奶奶突然回过头，朝里面走去。三碗婶立即跟了过来。奶奶端了挂在猪栏上的煤油灯，低下身子，朝猪食槽望去。两头猪用嘴在拱着什么。

　　奶奶把猪赶开，用手从猪食槽里拎起一块东西，凑近灯一看，是肉。

　　三碗婶一把抢过去，脸上还满是泪呢，立即就笑了。顾不得粘在肉上的糠和猪食，拎了就往厨房里跑。奶奶说，恐怕是被猫叼到猪圈里了。还好，肉好好的，一点没被吃掉。

回家之后，我没有吃饭，洗洗就上床睡了。睡梦中，忽然被奶奶摇醒。奶奶端了一碗米饭，米饭的最上面，摆放着两块大大的肉。

我们这里有个的风俗，如果哪家有客人来，或是为什么事，烧肉了，一定会给左邻右舍送一碗饭，饭上放一块肉，浇些肉汤。

今天，三碗叔家，是特意多给了一块肉。我知道，那是给我的。我跟奶奶说："奶奶，我不吃。我要睡。"

我翻过身，用被子蒙着头。奶奶走了。我在被子里，默默流着眼泪。

粗暴的肥肉与恰当的肥美

封新城 [诗人、《新周刊》创始人]

六零后长身体时，买肉是凭票的。那时，人们买肉要千方百计地买肥肉，因为肥肉可以靠油（东北话，熬油），可以靠出油滋（东北话，油渣）啦。

买到肥肉是要有关系的。我妈那时是一家食品商店的肉蛋组长，我自然成为了邻居、同学甚至老师买肉时要找的关系。

记得柜台前总是挤作一团，我要在嘈杂混乱中大叫数声妈，才能被她听到，然后我妈就从柜台下扯出一条肥肉，越过人头和手丛递出来。

如是这般，小学时我常常被各种央求，去混乱的柜台前喊妈。

因为有条件，即使出生于那个年代，我也打小就是个肥肉爱好者和享用者。据说我顽童期是成块成块吃肥肉的；又据说，老妈的同事整蛊我，先给我吃了大块肥肉又带我大吃冰棍，结果我上吐下泻，大病一场。据说，当时我发誓永不碰肥肉了，但我后来跟肥肉的亲密劲儿，让我很难想象我吃肥肉吃伤过。

回忆中粗暴的肥肉与今天人们所说的美食中恰当的肥美，实在不是一回事儿。

可哪个更让人津津乐道呢？

琐忆如蚂蚁上树

黄集伟 [出版人]

吃午饭时，我爸成了食堂里被传唤次数最多的那个人。那会儿，他不过三十来岁，可人们已开始叫他"老黄"。老黄，老黄，老黄……此起彼伏的招呼声儿大都来自女性，要么女护士，要么女医生，也有男同事，可不多。叫老黄的有我爸同科室的同事，也有不在一科室的熟人。他们单位不大，食堂却不小，低头不见抬头见，总归不陌生。随着那此起彼伏的招呼声儿，我爸在那间有小半个篮球场大的食堂里快速腾挪移转，不一会儿，被扎到他大腕里的肥肉就有了好多。

快七十岁时，说起我爸平凡短暂的一生，我妈还是会将他的胃病挂在嘴边。她就像摁惯了 home 键那样，总要一而再而三说到这个"食堂细节"——不同只是立春那天说的是在"此起彼伏"中旋转的老黄，立秋那晚说的是在若干个方桌间轻快旋转腾挪辗转的老黄。我妈的思维方程式是，我爸胃病的逻辑源头全部来自那些被扪到他大碗里的肥肉。我爸不到两岁就已是孤儿，快十七岁时才知道世界上有一种交通工具叫火车，有一种照明工具叫电灯……可就算不断闪回如此凌乱散漫的讲述，我还是觉得，在那个很酱油色、很年代剧、被很多很多划痕刮蹭得模糊不清的画面里，我爸内心溢满温暖。时至今日，也没谁能在"肥肉"与"胃癌"之间划上必然的等号吧？

结婚没几年，我忽然又想换工作了。媳妇拦不住，后来，索性不拦了。有一天，按她给我从报纸上剪下来的招聘广告，我去考试。笔试、面试很容易就过了，可体检时却出了点儿麻烦。一并过了笔试面试关的有六个男的，门一开，大家争先恐后一股脑堵进那间黑黢黢的小屋，轮流B超。轮到我，刚躺平，那位女大夫就开腔数落——不是直截了当而是花团锦簇地数落："您是不是每天晚上吃完一碗倍儿香倍儿香的红烧肉然后直接上床睡觉啊？"这是个很呛人的花团锦簇，但却是至今为止我所听到的有关"脂肪肝"最另类、最出彩的语文。那位女大夫将对"脂肪"的警醒，对一个生活习惯不良、缺乏锻炼的年轻人的忠告，天才地置换为一个动态画面，要言不烦，却又意味纷繁。是，我肚子上的肥肉是多了点儿，而比超量存储肥肉更尴尬的，其实是生活习惯。跟我爸我妈那个年代的观念比，这时的"肥肉"概念已悄然向"变态"等字眼儿的内涵靠近，而且越来越近。而这种"靠近"背后所蕴含的医学进步、理念更迭，我等完全无从知晓。

因为"倍儿香倍儿香"缘故，最终我没能去那家报社上班。七拐八拐，后来我成了一家出版专业报的编辑。有那么三五年，每个月末，我都要写一篇类似"新书过眼录"之类的印象记。记得有一个月，到月末写稿时，我忽然为一本外版书中文译名激动不已——那本健康保健类外版书的书名叫"与脂肪作斗争"……这个个性鲜明的书名让我浮想联翩，我的联想在它究竟是像"解放战争"还是更像"抗日战争"之间举棋不定。最后，我的选择落在了"抗日战争"这个喻体上。我的注解是，现如今，说到"减肥"，它已然意味着一场一生的战斗，怎么可能速战速决？而当这个健康观念遭遇儿时那些肥腻温存奇香夺人的记忆时，一场更加难分胜负的纠结便也轰然开展。或许，成长的意味就是越活越拧巴、越活越矛盾、越活越纠结？而这真的就是一种健康生活？

上高中以后，我妈被调到一家制药厂工作。她为什么去了那儿、去那里工作如何、心情如何、工资待遇如何，我们从来不问，也不懂得询问或关心，唯一记得的，是我妈在这个单位当大夫有那么一点儿关乎"口福"的福利——那家制药厂的主打产品要从猪心里提取某种物质，提取完成，那些几乎一刀未动完损无缺作为原料的猪心会当作福利，以几毛钱一斤的便宜价卖给员工。也不是想买多少买多少，是按人头花名册立好了规矩一月买一次——简单说，员工人人有份，人人有限。

　　那真是我少年时代吃过的最美味的佳肴。我知道，严格说，那根本算不上佳肴，可它却被贴上无上美味的标签，一种存放在我的记忆里，并成为记忆幻觉里最重要的一项……是因为它上面沾染的星星点点的脂肪？或许是吧。是因为奶奶厨艺高强配料合理烹制恰切？或许是吧。可我想，它就像我们那个年代被过分夸大的那些为数不多的年夜饭一样，已是被记忆修改、被情感PS后的一碗味觉记忆……它在失真的同时记录了逼真，在夸张的途中渲染出真相。就像置身热恋中的人们那样，它自己被自己的记忆迷惑，自己被自己的情感蛊惑，沉迷其中，幻觉其中，并信以为真。而最终，它长进记忆躯干，成为一组流淌在毛细血管里的血，暂忘时暗红，一旦被想起来，依旧鲜红。

　　在我会做的不多的家常菜里，"蚂蚁上树"算是一种。经过不断地摸索实践，我发现，原料中不可缺、不可多的肉馅儿配料，对烧好"蚂蚁上树"至为关键。"不可缺"的意思是它不能没有，是必备原料之一，而"不可多"的意思则是在"蚂蚁上树"里，"树"是主体，"蚂蚁"仅负责提香和点缀。而我的个人经验是，当那个不可缺、不可多的肉馅儿偏肥时，烧出来的"蚂蚁上树"有可能更好吃些。理由是，肥肉一定比瘦肉更容易提香，而且也更容易滋润粉丝，使它在烹制过程中的粉丝既不至于黏糊干硬，又不至于湿软绵塌，毫无嚼头……而这个反刍式的回望也顺便在我有关肥肉的这则叙述中忽然发酵，变成某种宿命之喻：半饥半饱，支离破碎，星星点点，一知半解，或许正是我们这代人的神伤与不甘——吃食如此，情感如此，智商如此，学业、职业、大梦、小愿之类也一样，大抵如此。

红烧肉——缺失的记忆

黄蓓佳 [作家]

遍搜自己的童年记忆，居然找不到有关吃红烧肉的场景。

前不久跟朋友吃饭，点菜的间歇中，互相聊到了最喜欢的经典菜肴，我说我最喜欢红烧肉，即刻有几张诧异的面孔转过来。面容中透出的信息，显然认为我故作矫情。朋友们一向斥我为"小资"，小资女人跟"红烧肉"照例是挂不上钩的，所以我理解他们的诧异。

我怎么会答出"红烧肉"的呢？我自己也惊讶。应该是脱口而出的吧，因为我一向对美食淡漠。回家之后赶紧搜索记忆，有没有关于红烧肉的童年情结。

没有。

或者可以说，小时候基本上没有吃过几次红烧肉，关于这道菜肴的色香味的记忆几乎空白。

能记起的关于"肉"的菜式，大都是肉丝类：韭菜炒肉丝，豆腐烧肉丝，肉丝榨菜汤，等等。六十年代吃肉，要符合两个条件：钱和肉票。父母买肉，花三五毛钱，连肥带瘦二指宽的一条，肥肉要另切熬猪油，聊补炒菜用油的不足，剩下刀柄大小的一块瘦肉，只能切成肉丝，方得平均到家里每个老小的筷头。

八十年代刚结婚时，婆母跟我聊到丈夫小时候的糗事，笑说："他那时候从幼儿园回家，头桩事情就是惦着吃大肉，不要小肉。"

彼时丈夫年幼，口中的大肉即红烧肉也，小肉便是肉丝了。

幸福的家庭彼此相似，不幸的家庭各有各的不幸。我和丈夫的家庭都该算做能吃上肉丝的幸福家庭。

过年会增加肉票供应，家家户户多割三五斤肉回家。

能吃上一顿红烧肉了吧？还是不行。

老家的人穷讲究，对于吃不起的红烧肉，偏偏还看不起，过年请客的桌上如果上来一碗红烧肉，那是很没面子的事，所以大块的肉要分解，肥的切丁，瘦的剁成肉糜，肥瘦按比例搅和起来，加葱姜汁、黄酒、酱油、切碎的荸荠、一定分量的水和淀粉，做成嫩嫩的肉圆，再放进干笋片和肉皮，红烧。

过年的那几天，无论家宴还是待客，红烧肉圆是压轴戏，少了它，就像歌剧中没有大段的咏叹调，成不了气候。

也所以，还是吃不成红烧肉。

记不清是一九六三年还是一九六四年，也记不清是什么原因了，我们老家县城运往苏联的一大批猪肉被拒绝入境，发回原地。当时那是一件大事。猪肉价贵，不宜贮藏，搞不好霉变生蛆，损失巨大。迫不得已，县里提出号召：吃肉爱国。

那时候的人思维简单，一说爱国，人人争先。尽管肉价昂贵，我父母出于爱国之心，倾半月工资，踊跃扛回家一只肥猪后腿。

猪腿已经腌过，肉咸，质硬，不宜红烧，更不能切肉丝烹炒，唯有投入大锅，加多多的水，白煨。

煤球炉，小火，煨了足有三个时辰。锅盖噗噗地响，乳白色蒸汽在房间里袅绕，浓烈的咸香味简直是无孔不入。

父亲揭开锅盖，汤雪白，肉鲜红，大人孩子的眼珠要弹入锅中。

狂欢的气氛。手舞足蹈的老小感谢苏联老大哥，感谢体恤我们的县委领导。

我实在想不起来那一天的晚餐我吃了多少肉，能记清楚的是接下来几个小时发生的事：晚饭后延续了狂欢的情绪，全家出发去剧院看戏。是锡剧吧，好像。开场锣鼓一打，我胃里开始翻江倒海，恶心得冒冷汗，哆嗦。我心知不妙，起身挤出座位，飞快地往门外奔跑。走在过道中，实在控制不住，食物从口中喷薄而出，白花花地倾倒在地。周围人的鞋子和裤子都不可避免地沾上了我的呕吐物，他们朝我怒目而视，厌恶之情无以复加。

我愣着，难受，狼狈，无助，自己厌恶自己。众目睽睽下的那种尴尬和耻辱，一辈子都不能忘记。

那一夜我总共吐了三次。无法想象一个人的胃里能装下那么多东西。实在是撑着了。

偶忆

二刚 [画家]

"环肥燕瘦"，孰美，孰不美，各说各的，悠悠千年，都是丰年闲话。

忆我少时，犹记三年"自然灾害"，顿顿难饱，以菜充饥，一日，见小腿渐肥，而不知是肿。年关，分得猪肉票半斤，一家皆喜。凌晨去肉店，门口已排队成龙，以物为户头：小凳、篮子、砖头、报纸、草帽……是知人家昨夜就来等候。

我家买得肥肉，意不在吃，先下锅熬油，闻其香味，然后将所剩油渣，分而食之，若沾上白糖，脆而香甜，愈吃愈馋。

吁！求饱之日，哪管"环肥燕瘦""绿肥红瘦"。

一碗肥肉（油画）

俞洁

梦里掉下红烧肉

虹影 [作家]

本来准备缩紧胃口，让小蛮腰显现，可在香港一周，每日遍尝美味，原计划泡汤。最后一晚在中环著名的镛记，盼了许久的烧鹅端上来，那鹅又肥又香，皮脆肉嫩，吃到嘴里既不油腻也不干涩，酱汁咸淡恰到好处。环视周遭桌子，全点了这菜，难怪镛记始创人甘穗辉先生被称誉为"烧鹅辉"。

这个年代，吃如此烧鹅，得到如此名店，否则那鹅的肥让人受不了，谁都怕胖。时光倒退几十年，在我小时，若是用猪油酱油拌米饭吃，那如同过年一般快乐。

谁怕肥肉？谁都不怕，且谁都不胖。

家里有客，才有可能用肉票。排长队为的是大肥肉，第一可以打牙祭，第二可以熬些油存着做菜。做了回锅肉，有汤、有肉，还可以熬油，一举三得。

平时是父亲做菜，但是家里来客人，母亲会亲自操刀。她把煮熟的猪肉捞起来，切得又薄又整齐，青蒜苗辣椒加上泡姜泡萝卜。母亲炒菜时不像大厨房里的邻居们摆家常，她不说话，做得专心。之后，她把菜装好在一个大碗，再装在一个小碗里。家里总有人不在，回家晚了，母亲就会在一扫而光的桌子上，把小碗端出来，给后到者夹上几块肉。

　　我们家很少吃红烧肉，记忆中有过一次，好像是五花肉烧豆筋棍，那种香，几天都溢满房子不散。日后我寻找那豆筋棍烧肉，自己试着做，也寻访过无数餐馆，都找不到那小时吃过的红烧肉滋味。想来是那时猪肉与现时猪肉不同，不会用饲料添加剂，更不会遇黑心猪贩子往肉里灌水，自然那时豆筋也不同，纯绿色食品。

　　还有一次吃红烧肉是在一个亲戚家。那时我上小学了，跟着母亲去一个亲戚家，是二姐夫的舅父，似乎他家里出了什么事。我们半夜去的，在一个小巷子里拐来拐去，最后停在一幢房子前，走上吱吱乱叫的楼梯，进到一个灯光昏暗房间里，好些大人站着，在唉声叹气，锁着眉头嘀咕着，还有几个小孩子，歪七倒八躺在床上。隔了好久，天都要亮了，问题似乎有了办法解决，舅妈才端出两个锅来。

一个锅是大米饭，很稀罕的，因为大米紧缺，一般都配有杂粮；一个锅里是野山菌烧肥肉，锅盖一揭开，香气扑鼻而来，房间里死气沉沉的气氛顿时变得活络起来。那肉是猪坐墩肉，结结实实，即便是烧的野山菌，也没裹掉多少油，吃在嘴里，油星四溅，舒软有致，都舍不得吞进喉咙。

之后好些年，我都总爱做同一个梦，梦见自己摸黑走路去找一个楼梯，可总是找不到那舅父家，自然也找不到那野菌烧的香喷喷的肥肉。

差不多三十多年过去，这个炎夏我在意大利度假。这个位于西帕尼尼山顶的福祉镇，不管是猪羊牛肉，还是水果蔬菜，大都是绿色食品。一周前向镇上肉店订了一个七八公斤大猪头，这日按约去取回家，店老板帮助用电锯，把意大利大猪头砍成两半。我花了一个下午处理这个怪物。先把猪头放在火中烧掉猪毛和腥味，清水洗净。再分解成几块，有的放冰箱里，有的放在速冻箱里。用大锅煮猪脸，不到一个小时汤就纯白，飘出肉香来。夹猪脸出来，稍冷却，便切成片。我专门剔出肥肉，取盒盛好。

晚上烤海鱼吃时，未放黄油，替代放肥肉。家人称赞这鱼与以往不同，奇嫩无比，配着红葡萄酒，下口爽得恨不得高声欢叫。

也就是这个夜里，我又梦见了家乡山城，一个人在梦中找舅父家。这次居然找到了，还是那些愁眉苦脸的大人，我还是那么小小的。听不懂他们说的什么，最后，还是舅妈揭开锅盖，盛出野菌红烧肉。人很多，我没有座位，就站在桌子边，急急地吃着。这时母亲走过来，对我说，傻孩子，慢慢吃，今天红烧肉多，有你吃的。

　　我不相信，端着碗走到锅边守着。果然那锅里的肉，量始终不少，一会儿瞧似烧白，一会儿瞧似东坡肉，一会儿瞧似粉蒸肉，肉格外厚笃笃、温情实在，让人一看就安心，一吃就满心欢喜。亲戚们吃着吃着，说笑起来。母亲居然放下碗，走到屋中央，也就是灯泡下一块空地，她穿着一双高跟皮鞋，对着地板，哒哒哒跳起舞来。舅妈过来牵我的手，跟着母亲跳起来。没一会儿，整个小房间里的大人孩子都跳起舞来，嘴里唱着动听的歌。

　　我醒了，母亲去世两年了，少有梦见她，记忆中她从未穿过高跟皮鞋，也从未见到她在众目睽睽下起舞，也从未看见她那样开心，我的亲戚们那么放声大笑。

　　但是有什么不可能的呢，因为他们吃了世上最美味的肥肉。

一碗肉圆

路发今 [退休干部]

　　这是一九五〇年春节期间，发生在溧阳南山地区的一个真实故事。正月初六上午，山东南下干部、溧阳戴埠区工委书记汤永安同志走出办公室，对正坐在区工委院子里擦着步枪的区中队战士彭修琪说，小彭同志，跟我一起去给烈军属拜年去。彭修琪抬起头，问，汤书记，到哪个乡去？戴埠区工委下辖戴埠镇、横涧乡、山丫乡、龙潭乡等九个乡镇，汤永安思量一下说，我们到龙潭乡去。彭修琪提醒说，龙潭那边深山老岭，是个土匪出没的地方，你一定要带手枪去的呀！汤永安拍拍已经插在腰间的手枪笑道，你看，我早已准备好了。彭修琪知道，汤书记在山东南下干部中，是个很会打仗的领导，他从心眼里敬佩汤永安的，现在看见汤书记带他下乡，高兴得从地上一蹦而起，三下两下装好步枪，跟着汤永安出发了。

龙潭在戴埠以南十多里路的南山里。彭修琪是本地人，是新四军战士，抗战胜利后，又跟着南山游击队长张之宜在南山打过几年游击，对南山地区非常熟悉。他走在前头带路，一个多小时之后，就把汤永安带到了龙潭乡政府所在地——龙潭村。龙潭村上有三户军属，一户烈属，汤永安按照刚才在路上与彭修琪商定的意见，先看望了三户军属，最后来到烈属陈大娘家中，此时已是中午时分。听彭修琪介绍，陈大娘的儿子叫陈咬齐，他自小失去父亲，是跟着母亲在外面讨饭长大的。一九三八年，新四军来到溧阳之后，年仅十六岁的陈咬齐参加了新四军。一九四五年秋天新四军奉命"北撤"，陈咬齐乘坐的"中安"号轮船在长江里沉没，不幸牺牲。去年春天，解放大军南下经过戴埠时，陈大娘追到戴埠，在过兵的队伍中寻找自己的儿子，当听到儿子已经牺牲的噩耗时，陈大娘当时就晕倒在路边，是彭修琪他们几个小伙子把大娘抬回家的……一向坚强的汤永安听后眼里也涌出了泪水。为此，汤永安一到陈大娘家，就对着呆坐在草房门口晒太阳的陈大娘"扑通"一声跪了下来，大声喊道，陈大娘，我们来给您老人家拜年啦！突然来个带枪的陌生人在朝自己磕头，再加汤永安说的一口山东话，陈大娘一句也听不懂，吓得老人家惊恐地站了起来，不知如何是好。彭修琪看着惊惶失措的陈大娘解释说，这是我们戴埠区工委的汤书记，是特地来向您老人家拜年的。这下陈大娘高兴了，急忙扶起地上的汤永安说，快家里坐，快家里坐。陈大娘让汤永安和彭修琪在堂前坐下后，从灶膛灰堆里摸出一只黑乎乎的砂锅，分别给汤永安与彭修琪倒了一碗糖茶，里面还有五六颗红枣。汤、彭两人跑了一上午，正又渴又饿呢，所以一碗糖茶他俩一饮而尽。刚才，陈大娘坐在门口，看到人家家里热热闹闹的，而自己家里没有人来，冷冷清清，心里怪难受的。现在家里来人了，而且是区里的书记来看望自己，老人觉得很有面子，所以非常高兴。她笑呵呵地对彭修琪说，你俩坐坐，喝点茶，我到外面去一下。汤永安朝彭修琪使个眼色，彭修琪上前拉着大娘的手说，陈大娘，我俩在您家吃中饭，但简单点，炒点青菜就可以了。大娘连连说，我知道，我知道，你俩坐坐啊！说完话老人就出去了。汤永安看看老人家里，三间破草房，空空荡荡，唯一有点生机的是，东边屋里正

091

在吃枯山芋藤的三只羊，还有门前正在觅食的几只鸡，看得出来，老人的日子过得很艰难。汤永安对彭修琪说，小彭同志，你帮我记好，开春我们要组织一些青年积极分子，帮助烈军属搞好春耕生产，帮助他们解决一些实际问题……彭修琪连连点头称是。

　　不到半个钟头，陈大娘就把中饭准备好了，老人做了三道菜，一碗肉圆，一碗炒鸡蛋，还有一碗炒青菜。陈大娘帮汤永安与彭修琪各自盛了一碗掺有山芋干烧的大米饭，递到他俩面前说，孩子们，肯定饿了，快吃饭吧。汤、彭两人确实饿了，端起饭碗，埋头就吃。汤永安三下两下吃掉半碗饭了，见老人还坐在一边，便招呼说，大娘，您也吃呀！陈大娘说，你们吃，你们吃。汤永安听了也不客气，举起筷子，对准面前的这碗肉圆，夹起一个，张口就咬掉半个，含在嘴里咀嚼起来。啊，大概这碗肉圆已蒸过好多次，油头都蒸掉了，一点也不油腻，香喷喷的，非常好吃。汤永安吃了一个，又吃一个，并招呼彭修琪说，小彭，陈大娘做的肉圆真好吃，你也吃呀！彭修琪低着头说，我不爱吃肉圆，说罢，伸筷夹起一筷青菜，大口吃了起来。汤永安是个痛快人，他说，你不吃，我来吃，你真是个大傻瓜！就这样，汤永安一个人吃掉陈大娘家半碗肉圆。解放初期，大家生活都很苦，即使当干部的，平时也难得吃到肉，今天汤永安吃到半碗肉圆，非常高兴，他喜滋滋地对陈大娘说，大娘，您做的肉圆真好吃！此时他才发现陈大娘的脸色由晴转阴了，他以为陈大娘在想儿子，连忙安慰说，大娘，虽然您儿子牺牲了，但我们都是您老人家的儿子，您家里有什么困难尽管跟我们说，我们一定会帮助解决的。陈大娘点点头，眼睛望了一下吃剩的半碗肉圆，低下头，惘然若失地不知如何是好。细心的彭修琪看在眼里，也不知如何是好。

　　吃过中饭，与陈大娘告辞后，汤永安同彭修琪往回走了。走出龙潭村口，汤永安感叹说，小彭同志，你看，陈大娘同我们真有感情，分别时，她老人家都哭了。彭修琪说，陈大娘是舍不得我们走，所以哭了，但她老人家哭可能还有一个原因的。汤永安眨巴着眼睛问，还有一个什么原因？彭修琪壮着胆子说，还有一个原因就是你吃掉她家半碗肉圆。汤永安莫名其妙地说，是她叫我吃的呀，为什么要哭呢？彭修琪解释说，我们溧阳农村穷，穷人家过年，肉圆、鸡蛋都是往桌上端端、摆摆样子的，大家都不吃，过了正月十五才能吃呢。我看得出来，陈大娘的那碗肉圆是到隔壁人家去借来的，现在你吃掉人家半碗肉圆了，等会儿陈大娘怎么去还给人家？汤永安听后恍然大悟，责备彭修琪说，那你刚才吃饭的时候为什么不提醒我？彭修琪笑道，我看你吃得那么香，我敢说吗？汤永安瞪了彭修琪一眼，急得拍着屁股说，你这个臭小子，我给你害苦了，这可如何是好？这可如何是好……汤永安思索一阵，终于想到了一个解决办法，他从裤袋里摸出一把金圆券，递给彭修琪说，我俩快走，等会到了戴埠镇上，你去帮我买上两斤猪肉，代我去送给陈大娘。彭修琪接过金圆券，跟在汤永安后面，急匆匆地朝戴埠镇上走去……

猪肉会有的

刘春杰 [版画家]

　　我的父亲出生在农村，经历了物质极度贫乏的少年、青年、中年，如今已七十多岁的他非常喜欢吃肉，尤其喜欢吃猪头肉。能随时大口吃肉，是他年轻时的理想。自我参加工作以来，每次看望他都给他买猪头肉，这成了定律。看着他香香地满足地吃着，真是幸福。

　　大约上个世纪七十年代中期，在工厂加工粮食的父亲用每月三十二元的工资养活五口之家，还要节衣缩食省出钱来寄给奶奶。那时的生活可以想见有多艰苦，平时饭菜少见油水，为了让我们吃饱，父亲经常饿着肚子，饿狠了便喝点凉水充饥，更别提吃肉了。但是父亲极其乐观，每当我们坐在餐桌前看着干巴巴的粗粮嗓子就隐隐作痛感到难以下咽时，父亲总会乐呵呵地夹起一块咸菜，说："这猪肉真香啊！"我们便想象着这是猪肉将其咽下去，有时竟

版画　刘春杰

然真会产生吃肉的感觉，饭吃着便稍微香了一点。有一年年底，工厂发了十五元救济款，我看到了母亲久违的笑容，便央求着要吃肉。母亲说，拿救济款买肉吃会惹人说闲话，来年生活好些了，一定买很多肉给我们吃。我虽然小，但绝对知道这只是大人安慰小孩子的话，便伤心地哭了，我多想像其他小伙伴一样能吃上肉啊！父亲在旁边学着当时流行的列宁同志的话安慰我：面包会有的，一切都会有的。只不过他将"面包"改成了"猪肉"。

年三十那天晚上，母亲把洗得干干净净的旧衣服给我们兄妹三人换上，一人一只红色的小蜡烛，放在父亲刚刚做好的灯笼里，年夜饭是素馅饺子，就算过年了。这算过的什么年呢，白白等了三百多天，连顿肉都吃不上！我很难过，晚上含着眼泪入睡。梦中，我吃上了香香的猪肉。初一早上睁开眼，依稀闻到鲜美的肉味，以为还是在做梦，爬起来一看，原来是父亲在吃肉，他小心翼翼的，既想大口吃又不敢吃的样子。我们三个孩子一拥而上迫不及待地抢着要吃，父亲却把肉碗高高地举起，不让我碰。

　　原来父亲早起出门，见一只狗叼了块什么东西，大概见到人的缘故，它丢下便跑。父亲走近捡起来一看，竟然是一大块猪肉，高高兴兴地拿回家。是狗偷了谁家的肉？母亲到几个邻居家问及是否丢了年货，均说没有。难道是"苏修特务"或"阶级敌人"投毒害人民群众？那时人们阶级斗争的弦绷得都很紧，也确实有类似的事情发生过。虽然心里不踏实，但想到我们三个孩子可怜的馋样儿，平时吃不到肉也就罢了，大过年的也沾不上一点儿肉星儿，父亲觉得实在对不起孩子，心里很难过。经过与母亲慎重研究，他决定担当重任，"以身试肉"，自己先尝尝。并且向母亲交代了应急方案：倘有异样马上去卫生所找贫下中农最信任的赤脚医生，如果没什么反应便可让孩子们吃。我们得知情况以后，不得不盯着那冒着香气的肉，一边咽着口水一边很不耐烦地等。那等待的时间可真漫长啊！一个小时后，见父亲没有任何异常反应，我们兄妹便急不可耐地大口吃起来，吃得满嘴是油。那个寒冷的冬天，暖暖的小屋里尽是肉香，我们久已缺肉的小肚子终于得到了极大的满足，因为有了肉，这个年也过得格外有意义起来。饭后，我不顾父母不要告诉别人的叮嘱，特意跑到小伙伴面前去炫耀了一下，表明自己过年也吃上肉了，好像已经有了和他们平等对话的权利。

只是以后的日子里，再也没有闻到那么香的肉，没有那么印象深刻的过年了。而今，我们兄妹都有自己的事业，正如父亲所说的，猪肉已经有了，一切似乎也都有了，我们不仅可以随时大口吃肉，而且山珍海味都不稀奇了。我们靠自己的双手创造了丰衣足食的生活，但我们仍不知晓，在偏远的农村，在不发达的地区，尚有多少舍不得吃肉或吃不起肉的人们。过一个有肉的年，仍旧还是有些孩子的梦想。

在我们丰衣足食之后，是不是该为这些孩子做些什么？

萝卜炒……

华明 [企业家]

童年时光大半在外婆家度过。依稀记得是五六岁光景，当时中国农村的生产队，人们还一起劳动，但已不一个锅里吃饭了。据说，这是因为此前闹的人民公社大食堂，饿死了太多人，一只只无比光荣的大铁锅却承载不了一点点微薄的生的希望，人怕了，就散了。

为了不让填饱肚子这件私事浪费"大干快上共同建设"的宝贵时间，大伙决定中午不回家吃饭，由各家将午饭送到田头，于是乎小小年纪的我就参加到轰轰烈烈的"建设"事业之中——给外公舅舅送饭。

在那个人人肚子里油水奇缺的年代，那几块香喷喷油乎乎的东西曾是多少人的念想和盼望啊！每到田间午餐时分，人们的嗅觉就变得格外发达，每每闻香而动，眼疾手快者，能从别家菜碗里横刀夺爱，以慰口腹。吾虽年幼，此情此景却了然于心。

一天，又到送饭时，在外玩耍的我，匆匆赶回家，发现正在备饭的外婆神情与往常不同，有一份郑重，还有一丝兴奋，更有一点神秘。正迷惑着，忽然一阵浓香扑鼻而来，望着锅里腾腾的热气，我猛地深吸一口，就再也走不动了……"乖，先去送饭，锅里还留了两块呢，等你回来吃。"外婆一边柔声细语哄着，一边把篮子塞到我手里，轻轻地推我出了门……

一上路，自己的那份眷恋顿时被沉甸甸的责任感所替代，绞尽脑汁想怎样才能不枉费外婆的一片苦心。最后决定一旦有人问起，一定隐瞒那几块宝贝，只说出菜名的一半——萝卜。口中背着"炒萝卜炒萝卜"，不知不觉已到大人们干活的田头。只见几个人头凑过来，嬉皮笑脸地搭腔："外甥，今天送什么好吃的？"世事真是奇怪，心里越在乎，嘴上越出错，我居然脱口而出"萝卜炒……"，顿了一下，硬是把那个关键字和着口水咽了下去。但为时已晚，天机泄漏，引来哄堂大笑。我的脸"唰"一下就红了，好在头脑保持了清醒，唰地从篮子里抱出盛菜的搪瓷缸，紧紧搂在胸前……由于我的勇敢，终于不辱使命。

从此，"萝卜炒"这一缺席了主角的菜名成了我的绰号，也成了外公外婆茶余饭后经常的笑谈。二老早已归去，"萝卜炒"一词却不时为我揭开尘封的记忆，穿过悠悠岁月，回到那旧时的山水旧时的人……

这张照片明显是摆拍的。两位簇新雪白的"代表"执刀"卖肉"，意在为"农业学大寨"增光添彩。

——薛冰

幼儿园的肥肉

陈丹燕 [作家]

　　有些人一定是生来惧怕肥肉的那种油汪汪的柔软感觉，特别是白色的水煮肥肉。我小时候在幼儿园吃中饭，老师为了培养我们的好习惯，要求分到碗里的食物必须吃干净。但我无论如何也吃不下肥肉，聪明的我发明出来，把肥肉一整块嵌到绿色小铁碗的碗底凹档里，表面上看，吃得好干净，这样躲过老师的惩罚，当个好孩子。

肥肉

喻恩泰 [演员]

一

那年我八岁，和父母去隔壁邻居家做客。那道东坡肉云蒸雾绕的出来了，其肥肉多汁，呈水晶状。挑出一块，没上糖色，也没加酱油，看上去白彻彻、软绵绵的，冰糖蒸化了，裹在肉上，几筷子下去，甜如蜜，旁边的女孩儿笑眯眯地望着我，我不知觉又夹了几块，可能几秒钟过去，我突然恍惚欲坠。后来知道这个感觉叫醉。这是我的第一次。

肉是别人家的香，女孩是隔壁的漂亮。爱因斯坦解释相对论，说坐在滚烫的铁皮炉上，几秒钟都觉得漫长，和心动的女子在一起，时间瞬间飞逝。我记忆里的那几秒钟到底有多长？

是肥肉醉我，抑或是那幅女孩子的笑？肥肉和女子的美在我的脑海里紧密相连。再后来，我觉得有一个词说的特别纯净：肉欲。

二

　　江西不用暖气，隆冬时屋里屋外皆显寂寥。人要是齐
了，晚饭时会端上一碗热腾腾的米粉蒸肉，也常做另一道菜，
梅干菜扣肉。这两个菜的诀窍不在于肉有多瘦，恰恰在于
肥肉的火候。大冷天，吃起来得趁热，这时候喝酒，比的
是速度，几轮下来，再接着划拳行酒令。江西的习惯爱劝酒，
男人们端杯，眼神诚恳，于是常醉。

　　后来我很喜欢四个字：酒肉朋友。说出它，我的心里
温暖，这里面的肉，我认为是肥肉。

三

　　成年后，饭菜发生了变化。

　　在童年的记忆中，父母下班前如果偷吃一根黄瓜，很
容易会挨一顿骂，个把钟头过去屋里还泛着黄瓜香。如今，
这样的黄瓜不见了。肉也一样，肌理还在，味道却不再通灵。
平时在餐馆点菜，多叫牛羊肉，味道好，污染轻，不爱吃
猪肉。

直到有一天，来到了香格里拉。

青山绿水间，支上铁炉，烧上碳，烤起肉。让人吃惊的不是牛羊鸡鱼，竟然是当地的猪肋排，连着骨，夹杂着小部分肥肉。微醺顿起，站在草原上，我望向蓝天，自己对自己说，原来古人们吃的肉是这个味道。这时恰有一群可爱的香猪路过，心里顿生敬意。它们长相不凡，黑白相间，脸型狭长，没有胖子，均是小个。它们也很团结，村郭行道时，自觉排成了一排。

人在特殊的状态下爱发问，食物的最高境界是什么？美食所能让人产生的最佳反应会如何？赞不绝口？饕餮不语？疯狂？快乐？

都不是，应该是：感动。

一口口吃下去，脖颈间湿了，渗下来的不知道是泪还是汗。感动到了极致，人的心理会有一丝绝望，这一顿吃下去，今后怎么办？一切太美好了，美好的让人怀疑。

人是会醉的，人是会变的，人是会老的。

肉是不腻的。

解决

阿乙 [作家]

　　从前，仇富和炫富表现得乏味。太阳底下，一伙皮包骨头的人看着一个胖子抚摸肚皮。整整一年，他们都在饥饿的战栗中度过，冬天，战栗达到高峰。三四人吊起大锅，从一坨坨的肉中熬出银光闪闪的油，纷繁、此起彼伏的油泡就像下在池塘里的小雨，孩子们沾着它吃树皮，而大人们已忘记筷子怎么用。他们吃了一天一夜，全身都是油，然后整整一个礼拜都在舔身上的油。他们想到那个胖子，只要有什么都马上吃进肚子，绝不留一点，以免给自己留下仁慈的机会。现在，一个胖子消失，一村子的胖子诞生。其实说来也算不上胖子，但是在那像狼一样嚎叫的人心里，他有一亩地那么胖，他都这么胖还是不肯分别人一点点，宁可将剩饭一粒粒踩进泥土里。

　　逢年过节杀肥猪。杀猪也是乡村中最隆

重的年节活动。

——薛冰

肉与玉

陆建芳 [考古专家]

　　"文革"后期，我还是个中学生。那时候天下乱哄哄，三天两头闹运动，所以学校的上课也不正常，今天开批判会，明天学工学农。读书的时间真的有限，也没有什么书读。我算是幸运之人，姑妈家门口开了一家废品收购站，站里以废旧纸称斤两收到的书籍经常堆了一屋子，我和姑妈的儿子就帮他们做杂事，换取工作人员的允许，每次拿一堆书回来读，完了再还回去。碰到好书想留下，只要用同样重量的废纸置换便行，好不得意。

　　印象中粮食总不够吃，而我又是长身体的季节，早上喝两碗可以照见人影的稀粥去上课，两节课不到就饿了，于是就盼着早点下课吃中饭。可是中饭又能怎样呢？每个月配给的豆油菜油少得可怜，菜里就没什么油水，再加上饭吃不饱，于是就渴望能有肥肉解馋。家里难得过节或者来了木匠、裁缝会烧一碗红烧肉待客，我们兄弟那个馋呀，闻到肉味都会晕。但是一碗肉往往会吃好几天,父母不许我们动筷子夹肉,匠人也会看菜吃饭,每次夹一块肉意思意思。等到匠人走了,红烧肉的卤水便成了拌饭的佳肴,天哪,那个香甜,真难以言说。

因为我家在镇上,供销社的肉店在全公社只此一家,所以过节乡下的亲戚买配给肉都让我家帮忙,去迟了就没戏。于是我就屡屡被父母派去排队买肉,凌晨四点多去已经不算早,前面已有不少人了。天亮后肉店开张,卖肉的窗口往往会被那些不排队的人冲挤,于是人群中骂声四起,不会挤窗口的人往往会白排几个小时的队。我是中学生,身材单薄,老吃亏,回家还要挨熊。于是总结经验,下次再挤窗口的时候会面贴墙,背朝外,用肩膀作先锋突破,这招管用,屡屡成功。买肉成功回家后往往会因此多让我吃块肥肉。肚子里有了油水就比较经饿,但是肥肉不好买,那年月瘦肉乏人问津,而肥肉则是紧俏产品,要有面子才买得到。于是买肉时经常腆着笑脸叔叔阿姨乱叫,他们心一软就会割一块肥肉给我,拎着回家的路上能吸引不少羡慕的眼光,因此就有些趾高气昂,小小地满足一下虚荣心。肥肉成了与我少年时代共存的深刻记忆元素。

改革开放后的一九七九年,我凭着在废品收购站读的那些书，轻而易举地以优异成绩考上大学。填志愿时，因为刚在废品站旧书中读过一本四川大学童恩正先生的《古峡迷雾》，讲的是考古工作者如何寻找古代巴人的柳叶形青铜剑，穿三峡，过重山，历经艰辛的故事。我头脑一热就报了考古专业，而且一举成功。

玉和肉是风马牛不相及的两个范畴，前者是传统文化中心灵的高层次寄托，而后者则是普罗大众感官的享受。但二〇〇一年秋天在台北故宫博物院的展厅，我突然发现两者其实并不矛盾，偶尔也可合二为一。

二〇〇一年九月二十日，当我走进向往已久的台北故宫博物院展厅时，那块著名的肉形石扑面而来。真想不到自然界的造化如此精彩，这块石头俨然就是一块江南的"万三蹄"，红润鲜艳，使人食欲大开，口水泛滥。

作为如今台北故宫博物院的三宝之一，肉形石原出于内蒙古阿拉善左旗，康熙时期供入内府，为康熙、雍正、乾隆三朝高品位的皇帝喜爱。原物取自一块黄玉，色泽纹理全属天然，经艺人加工后，与真肉十分相仿。乾隆好古，喜欢让造办处模仿古玉，所以又用仿古玉时一种叫"琥珀烫"的手法，加以染色，使之更具魅力。如今凡参观台北故宫博物院者，均希望能一睹其真面目。

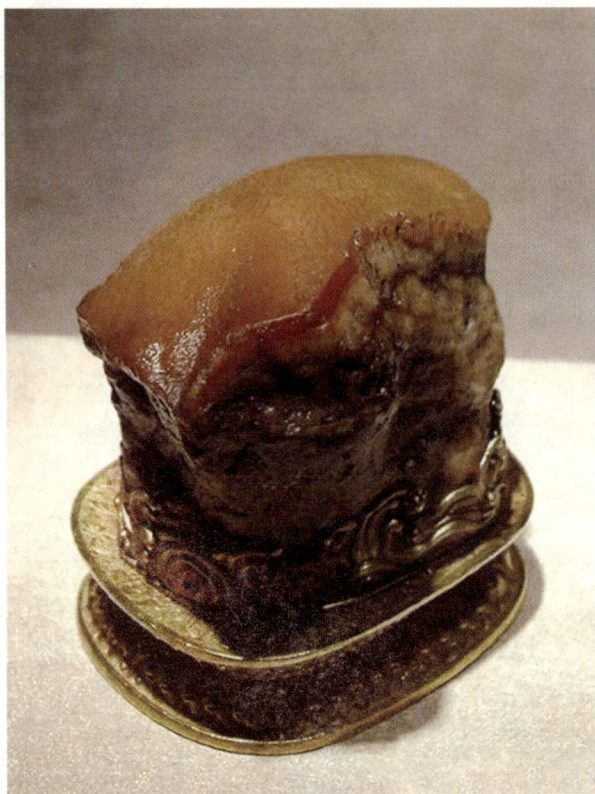

台北故宫博物院肉形石

由举世闻名的东坡肉想起的

顾铮 [摄影家]

台北故宫博物院的那块玉雕东坡肉，可能是世界上最著名的一块肉了。它永不腐烂，每天享受众人惊叹的目光。那天在台北故宫博物院里看到它，忍不住举起了手中的照相机，在众多围观者的不自觉的掩护下，把它收入了照相机的 CCD 中。

这块肉，还让我想起妹妹的一件事。一九六〇年初，她被在武汉工作的父母送回上海祖父母家。那时应该已经过了那个"三年自然灾害期"，但也已经听说她在武汉那边的穷形极相。比如，有机会拿番薯的时候，除了用尽两只手外，还用脖子扣住一个带回家。那是饥饿催生的聪明。

因为那边实在坚持不下去了，父母决定送她来上海避避饥荒。

　　记得那是她刚到上海的头几天，一天我看见她趴在家里的沙发上，正用小手反复地从沙发上抓东西往嘴里送。我再仔细一看，原来她是从一本《苏联画报》里的俄罗斯大餐照片中"虚拟"取食，把餐盘里的肉往嘴巴里送，进行精神会餐。对于她的这个因饥饿而起的奇怪举动，我的印象是如此深刻，就此不忘。而且，随着时间的推移，这件事却越来越鲜明地、经常闪现在我眼前。

听来的肥肉故事

朱赢椿（整理） [设计师]

河南　张老太太：

　　那时候连饭都吃不饱，哪来的肉，只有在年成好的时候，烧一碗肉汤，喝一口，要烫一点的，啊，心里像被熨斗拉过的一样，服帖啊。现在我也不想吃了，还是青菜豆腐爽口，吃了不犯困……

安徽　杨九斤：

　　自然灾害那几年，春天青黄不接，连牲口都到处乱跑，找吃的呀。一只小猪崽掉到茅坑，淹死了。几天后被村东头陈老婆子发现，赶忙捞上来，洗洗干净，刮了毛，放进锅里熬汤。啊呀，那个香啊，飘几十里地，现在想想，恶心死啦……

江苏　李士勤：

　　过年杀猪很热闹的，但是一头几百斤大猪，没三四个人是扳不倒的。二队的四膘自告奋勇，从前面下手，一把薅住猪耳朵，想把猪头夹在两腿之间。哪知这头猪力大无比，左冲右突。四膘力大，紧抓不放，用两腿死死夹住猪头。猪怕死啊，对准四膘下身一口下去。四膘狼嚎一样，倒地翻滚，双手捂着下身连喊救命。众人丢下猪直奔四膘，猪乘机逃脱，奔后山而去，没人再敢去撵它。过了半年多还有人看见这头猪在后山上出没，听说猪已经变成野猪了，而四膘变成"太监"了，报应吧。

湖南　李宽幅：

　　小时候，一到过年，父亲总要买一只猪头，挂在窗边的墙上。我睡在床上，只要侧身睡就冲着猪头。我每天一醒就盯着它，它也盯着我，有时候像是冷笑，有时候像是愤怒，吓得我一点吃它的胃口都没有了……

江苏　张小马：

　　那时候哪家死了猪，就跟死了人一样，半年的希望落空，能不伤心？病猪肉不给卖的，只能家里炖了。不过我们那儿也有个不成文的规矩，村民们会自发前来吃肉，走的时候会留下几毛钱，算是一种安慰，钱虽少，总比一头死猪强啊！

山西　原晋：

话说年关，野战部队接到紧急任务，需要马上野外拉练，营房只留三位女兵看守。考虑到要过年，团长留了一头猪，允许三位女兵作为过年的年货。除夕夜到了，三个女兵摩拳擦掌准备杀了这头猪，结果一整夜只听到三个女兵的叫声比猪的叫声还大。天亮了才发现猪无恙，而三个女兵比猪还脏。

黑龙江　具小二：

春节过了，母亲总要在厨房的窗子边上挂一块腌好的肥肉，但是很少吃它。到了三四月份，春困人乏，放学回家时走到楼梯口，很难迈动步子爬上四楼，但是当抬起头来看到四楼窗口的那块在春风中的肥肉时，脚下顿时来了劲，三步并作两步，向四楼奔去，但愿中午会有大白菜烧肉吃。虽然每次并不都能如愿以偿，但是就这块肉却让我腿下生出一股莫名的力量。

山东　刘德才：

　　我的爷爷在地主家做长工，他说只有在年关时地主才会给长工们烧几块肉吃。因为肉很少，地主家每次总是把这些肥肉烧得半生不熟。肉量虽少，却总吃不完，因为长工们吃了总是闹肚子，所以直到现在看到肥肉都有心理反应。

安徽　薛厚华：

　　在一九六〇年时候，生活过度困难，一个月看不到一颗米。人想吃肉，到哪里有肉吃呢？小猪秧子长这点长，这点高，就用杀猪刀杀了。人都没的吃了，猪就更的没吃，只能杀了吃了。

　　老鼠也没的吃，饿得拱到被窝里去了，咬人。人从被窝里逮到它之后，装到葫芦桶里面去。第二天弄个钵子，倒了开水烫烫，一烫老鼠就死了。死了以后，也吃它的肉。

　　然后要吃什么肉呢？青蛙最合适了。到开春的时候，青黄不接，人还是没得吃，就下到河里逮青蛙。小时候想吃肥肉，没的吃。人没得劲，还要下地做事情。粮食也没了，人就浮肿了。不晓得死了多少人，一家死了两三口。头一个老大死了，那时候不火葬，老二打棺材去买棺材钉，走到街上还没回家，饿死在路上，老三眼看着也抬腿走不动了，死在街上，一家死三个。

那时候我在村里头放鸭子，老鸭有库存的粮食给它们吃，让它们下蛋。在家下的蛋归集体，在路上下的蛋，我就藏到田埂里面去了，晚上再拿回家。我家里头有四五口人，都饿得走不动了。

后来条件好了一些，煮肉汤喝，或者就把肉放在窝里糊糊、炒炒、焙焙，又没盐，搞搞弄熟了就吃。现在生活条件过关了，肥肉吃得少了，吃得都是瘦肉多。生活提高啦，肥肉就用来炼炼油。

江苏　周先生：

那是在文革年代，人人都饿得难受，过节了，大家伙聚在一起斗吃肉的本领，先是比吃五花肉，不分胜负，于是又比赛吃生切的白肉，还是不分胜负，后来端上了不放盐的肉，还是没能打败参赛者，最后想了一个办法，在肉里放了糖和蜜，参赛的人们才纷纷败下阵来，成为一时笑谈。

Pflanzt OEL!

Pflanzt Sonnenblumen und Mohn. Ihr schafft dann Deutsches Öl und dient dem Vaterland! Samen und Anleitung gibt der Kriegsausschuß für Öle und Fette Berlin W·8

煎

饥饿的年代已被遗忘。肥肉是长在我们身上的热量，它勇往直前牺牲自己的一部分甚至全部，让我们能够在自己的体内取暖。肥肉敷在枯瘦的身体上，这在如今是时尚。

肥肉的昨日和今天

秉德（德）[学者]

印芝虹　译

Fettes Fleisch
gestern und heute
Kristina Binder

肥肉——艰难和危机时期

在寻找肥肉的正面价值时，人们总会不由自主地又一次撞上关于危机年代里的饥饿和食品匮乏的描述。比如在关于第一次世界大战的报道里，我们会读到这样的句子："与战前完全相反，市民们在采购物品时专门要买肥肉。"

肥肉——令人心痛的匮乏

一九一六年，玛堡市甚至无法

Fettes Fleisch - Not und Krisenzeiten

Sucht man nach positiven Bewertungen von „fettem Fleisch", stößt man unwillkürlich immer wieder auf Schilderungen von Hunger und Mangelernährung während Krisenzeiten. So findet man in Berichten über den 1. Weltkrieg: „Die Bürger verlangen gezielt fettes Fleisch bei ihrem Einkauf, ganz im Gegensatz zur Vorkriegszeit."

Fettes Fleisch - ein schmerzlicher Mangel

Die Stadt Marburg war kein Einzelfall, als dort 1916 die wöchentliche Versorgung von 90g Fett in Lazaretten nicht mehr

保证继续供给部队医院每周 90 克的猪油，而这在当时并非个例。为了获得一些油水，很多市民开始圈养小动物，比如鸽子、兔子，或者养起了鸡，尽管他们毫无家禽饲养的经验，而且城市生活和那里的住房条件也根本不适合圈养动物。从一九一五年夏季的一份《汉诺威邮报》登出的一则建议中，我们可以看出当时动物油稀罕到何等程度："建议大家把许多土豆、一点点肥肉与青嫩的蔬菜放在一起煮。"

因为饥荒严重，艰难度日的民众中不时有斗殴事件发生。有报道还

gewährleistet werden konnte. Um in den Besitz von fettem Fleisch zu kommen, gingen deshalb viele Bürger dazu über, Kleinvieh wie Tauben, Kaninchen oder Hühner zu züchten, auch wenn sie in der Tierzucht keinerlei Erfahrung hatten und das Stadtleben und die dortigen Wohnbedingungen das Halten von Tieren erschwerten. Wie rar das tierische Fett war, zeigt ein Ratschlag der Tageszeitung „Hannoverscher Kurier" im Sommer 1915: „Kocht viel Kartoffeln und ein wenig fettes Fleisch mit jungen Gemüsen." Da der Hunger groß war, waren Plünderungen der notleidenden Bevölkerung keine Seltenheit. Berichte erzählen davon, dass so mancher Bürger Nussbäume

Sammelt die Obstkerne und schickt sie durch Eure Kinder in die Schule oder an die nächste Sammelstelle!

Kriegsausschuß für Öle und Fette   Berlin W.8

大家都来收集果核，让孩子们把它们送到学校或者最近的收集站去！（广告，尤里乌斯·基朴肯斯的彩色石版画，柏林，1917）

Sammelt die Obstkerne und schickt sie durch Eure Kinder in die Schule oder an die nächste Sammelstelle! (Plakat, Farblithografie von Julius Gipkens, Berlin um 1917)

记述了一些市民拼命击打坚果树，以此来弥补自己和家人的油水需求。没有经历过危机年代的人，似乎无法想象，母亲在采购食物时会专门挑肥肉买。而在危机年代里长大的人，又对相反的情况感到不解："我母亲买东西时，总是拿着购物券买肉，说请给一块膘肥的。她告诉我，怎么和平年代里，大家都想要瘦肉，这我简直不能想象。战争对我们所有的人来说同时还意味着饥饿。"

plünderte, um den Fettbedarf von sich und seiner Familie zu gewährleisten. Wer keine Krisenzeiten erlebt hat, dem scheint es unvorstellbar, dass die Mutter beim Einkauf gezielt nach fettem Fleisch fragte. Wer jedoch in der Krise groß wurde, wundert sich über das Gegenteil: „Wenn meine Mutter einkaufen ging, kaufte sie auf Lebensmittelkarten Fleisch und sagte: Bitte ein schön fettes Stück. Mir erzählte sie, dass man in Friedenszeiten mageres Fleisch haben wollte, das konnte ich mir gar nicht vorstellen. Der Krieg bedeutete für uns alle auch Hunger."

肥肉——匮乏带来的举措

由于动物脂肪在一战中太稀罕

Fettes Fleisch - Konsequenzen des Mangels

Tierische Fette wurden während

了，人们开始尝试从金龟子身上提取油脂，此外还从罂粟、葵花籽、果核和粮食等东西里提取植物油。因为已经没有肥肉了，民众被号召参与到"生产制作替代物"的活动中去，下面广告牌就表现了这样的呼吁。

林木工人被动员去收集松果，再把它们送交给"战争油脂管理委员会"。市民们则应当让孩子把果核带到学校去，学校汇拢了果核后再送出去进行加工。

"种植油脂"——昨日和今天

今天，如果看到这样的召唤：种植油脂！人们大概会想到替代能源，用以为汽车工业和其他机械提供动力。如今很多人恐怕已经无法想象，这个口号的提出其实是为了补偿油脂包括肥肉的匮乏，为了保证民众的基本营养。

des 1. Weltkrieges derart rar, dass man Versuche startete, aus Maikäfern Fett zu gewinnen und außerdem die Gewinnung pflanzlicher Fette aus Mohn, Sonnenblumenkernen, Obstkernen oder Getreide vorantrieb. Da es kein fettes Fleisch mehr gab, war die Bevölkerung aufgerufen, sich an der „Ersatzmittelbewirtschaftung" zu beteiligen, wie der Aufruf auf den Plakaten zeigt.
Waldarbeiter wurden dazu aufgerufen, Fichtensamen zu sammeln, um sie dem „Kriegsausschuss für Fette und Öle" zur Verfügung zu stellen. Die Bürger sollten ihren Kindern Obstkerne in die Schule mitgeben, wo sie gesammelt und zur Weiterverarbeitung verschickt wurden.

„Pflanzt Öl" - gestern und heute

Beim Aufruf „Pflanzt Öl" denkt man heute wohl an alternative Energiequellen, die die Kraftstoffversorgung von Automobilen und anderem technischen Gerät gewährleisten sollen. Dass dieser Slogan jedoch entwickelt wurde, um den Mangel an Fetten und auch fettem Fleisch auszugleichen und die Ernährung der Bevölkerung zu sichern, scheint für viele Menschen heute unvorstellbar.

肥肉——恶心和排斥

如今要去寻找肥肉的正面价值是
一件很困难的事情。我去问我的祖母。
第二次世界大战中她还是一位少妇，
一九四六年的严冬，她曾历尽艰辛才维
持了自己和丈夫的生存，而一九四七年
以后，他们俩还必须供养一个孩子——
我的父亲。然而祖母的回答令我吃惊：
"肥肉让人恶心。"虽然她对五花肉的
评价高于精瘦肉，但是说到"肥肉"她
却没有任何好话。而我父亲对于肥肉的
负面评价更是再明确不过了，他用"滑
腻""恶心"和"不健康"来形容它，
认为肥肉是个令人作呕的东西。再后一
辈人对这个主题词也毫无正面看法。我
哥哥首先提到的是"饱和脂肪酸"，他
同样用"不健康"和"恶心"这样的词
来评判肥肉。

即便是传统的《巴伐利亚食谱》，
关于肥肉它也只会说些健康风险之类的
话："在今天人类较少从事肌肉劳动的
情况下，肥肉包含了过多地摄入脂肪的

Fettes Fleisch-Ekel und Abneigung

Wenn man heutzutage nach positiven
Bewertungen von „fettem Fleisch"
sucht, tut man sich schwer. Frage
ich meine Großmutter, die den 2.
Weltkrieg als junge Frau erlebt hat,
die im harten Winter 1946 große
Mühe hatte, ihren Ehemann und
sich selbst zu versorgen, die ab
1947 ein Kleinkind – meinen Vater
- ernähren musste, so erklärt sie mir
überraschend: „Von fettem Fleisch
wird einem übel." Zwar bewertet
sie mit Fett durchzogenes Fleisch
besser als mageres, doch bei „fettem
Fleisch" fällt ihr nichts Gutes ein.
Noch deutlicher drückt sich diese
Abwertung von fettem Fleisch
bei meinem Vater aus, der es als
„glitschig", „eklig" und „ungesund"
bezeichnet und meint, es sei ein
Brechmittel. Auch eine Generation
später kommen keine positiven
Gedanken zu diesem Stichwort
auf. Mein Bruder nennt als erstes
die „gesättigten Fettsäuren" und
bewertet fettes Fleisch ebenfalls als
„ungesund" und „eklig".
Selbst das traditionelle „Bayerische
Kochbuch" weiß über fettes Fleisch
nur die gesundheitlichen Risiken zu
erzählen: „fettes Fleisch birgt bei der
heute verminderten Muskelarbeit
des Menschen die Gefahr zu hohen
Fettverzehrs mit den Folgeschäden

危险，会造成营养过剩、超重的后果，最终导致不良的胆固醇增高。"这是很奇怪的，因为典型的巴伐利亚菜肴如"猪蹄髈""白肠"和"煎肠"都富含动物脂肪，受到大家包括我们全家人在内的一如既往的喜爱。去网上搜寻一下，人们还会有新的发现：肥肉将导致某些皮肤病病情的加剧。连养狗的人也被劝告不要用肥肉喂养它们，因为狗的关节恐怕会由此发生问题。在日常用语中，甚至那些严重超重的人身上的脂肪也被称为"肥肉"。无论在哪个方面，肥肉都会引发一些负面的联想。

肥肉——为什么如此负面？

令人感兴趣的是，这种排斥从何而来？肥肉真的很难吃吗？可以客观地说它是"恶心"的吗？或者说这是一个因文化而异的评判？我们的排斥是不是因为我们接受了现代科学知识，它告诉我们过量消费动物脂肪多么有害？抑或是人们想要忘却历史上的那一章，那

von Überernährung, Übergewicht und schließlich der ungünstigen Erhöhung des Cholesterinspiegels." Dies ist verwunderlich, da typisch bayerische Gerichte wie „Haxen", „Weißwurst" und „Bratwurst" reich an tierischem Fett sind und nicht nur in meiner Familie nach wie vor beliebt sind. Eine Internetrecherche bringt zusätzlich zum Vorschein, dass bestimmte Hautkrankheiten durch fettes Fleisch verschlechtert werden. Auch Hundebesitzern wird abgeraten, ihrem Tier fettes Fleisch zu füttern, da Gelenkprobleme beim Hund drohen. Umgangssprachlich werden sogar die menschlichen Fettpolster stark Übergewichtiger als „fettes Fleisch" bezeichnet. In jeder Hinsicht also wird mit dem fetten Fleisch etwas Negatives, Schlechtes, Krankmachendes assoziiert.

Fettes Fleisch-warum so negativ? Interessant ist die Frage, woher diese Abneigung kommt. Schmeckt fettes Fleisch wirklich schlecht, kann man es objektiv als „eklig" bezeichnen oder ist dies eine Bewertung, die von Kultur zu Kultur verschieden ist? Haben wir diese Abneigung unserem neuzeitlichen Wissen zu verdanken, wie schädlich der übermäßige Konsum tierischer Fette ist? Oder will man ein Kapitel der Geschichte verdrängen, in dem fetten Fleisch

里记录着肥肉还曾经为一种美食？为什么肥肉在肥肠的形式里能被人们喜嚼乐咽，而"未经加工"端上饭桌时却被视为"令人恶心的"呢？

至今，在我家，说起我两岁时如何地爱吃猪蹄髈上的肥肉皮的时侯，大家依然是一副毛骨悚然的样子。因为担心我的健康，尽管我的眼里充满泪水，他们还是得从我的嘴里把肥肉取走。而如此看来，对肥肉的排斥却并非是人与生俱来的。

对于肥肉如今为什么会背负如此负面的评价这个问题，这里无法给出答案。尽管如此，有一点似乎却是明白的：饥饿的年代已被遗忘。

eine Kostbarkeit war? Warum wird fettes Fleisch in Form von fetter Wurst gerne verspeist, während es als „ekelhaft" bezeichnet wird, wenn es „unverarbeitet" serviert wird? Nach wie vor erzählt man sich in meiner Familie mit einem gewissen Grauen und Schaudern, dass ich als 2-Jährige so gerne die Speckschwarte um den Schweinehaxen gegessen habe. Man habe mir das fette Fleisch unter Tränen wegnehmen müssen, da man um meine Gesundheit fürchtete. Angeboren scheint also die Abneigung gegen fettes Fleisch nicht zu sein.

Ohne hier eine Antwort auf die Frage geben zu können, warum fettes Fleisch heute so negativ beurteilt wird, scheint eines klar: Die Zeiten des Hungers sind vergessen.

草莓浓汤

大出 哲（日）[学者]

陆小晟 译

イチゴのスープ

大出 哲

"开始吧，今天。"父亲说。全家所有人停住筷，点头首肯。

那是个寒冷的冬天的早晨。

"嗷——嗷——嘅嘅咕——"①。

我用力将自己的脑袋挤进壁橱的棉被里。棉被濡湿一片。

好友豚子（豚子——猪的爱称）今天被大人们宰杀了。

晚餐是猪肉酱汁汤。馔香四溢。我去了外面。

李树下的雪被浸染得通红，是豚子的血浸染的。伤心几近疯狂的我，一点一点将白雪覆盖在上面，祭奠豚子。

「今日、やるべな。」

おとうが言いました。みんな箸を止めてうなずきました。寒い冬の朝です。

「ギャー、ギャー、ゲゲグー」

僕は押入れの布団の中に頭を突っ込みました。布団がぬれました。仲良しのブーコが殺されてしまったのです。

夕食の豚汁のにおい。僕は外に出ました。

スモモの木の下。雪が真っ赤です。ブーコの血です。気が狂ったように、僕は真っ白い雪をかけました。

① 猪被宰杀时的呼唤声

129

朱成梁　插图

春天来了。

李树下的白花开了一片。之后又很快地，一点一点长大，长成了红色的果实。豚子变成了草莓。

李树的枝丫上小鸟们反复喧嚷着，他们喋喋不休地对我说，"请吃吧，请吃吧——"

我大口地吃起来。"啊，真是好吃呀——"我说。

那一晚，我又终于可以喝猪肉酱汁汤了。

是的，我喝的其实是草莓浓汤。

春になりました。あのスモモの木の下には、白い花がたくさん咲いています。それらはやがてふくらんで赤くなりました。ブーコはイチゴになったのです。

スモモの枝の雀たちがさえずっています。

「食べておあげよ。食べておあげよ。」

僕はほおばりました。

「おいしーぃ。」

その日の晩、僕は豚汁を食べることができました。それは、イチゴのスープだったのです。

韩国的猪肉

李起雄（韩） [出版家]

璞石　译

한국의 돼지고기

이기웅

　　从一九四○年出生到二十岁，我生活在东海岸的一个小城市"江陵"。我的家"船桥庄"就坐落在这个城市。当时，韩国上流家庭食谱中的肉类主要是牛肉，几乎找不到猪肉，我的家族食谱也不例外。船桥庄的料理在那个时期可以说是韩国上流家宴的主流，那是因为嫁入我们家族的媳妇们大部分是首尔上流家庭，媳妇们的烹饪手艺与船桥庄的传统料理在长时间的混融中形成了这个家族特色的传统料理。我就是在享受这样的传统美食中成长。说起上流家庭为什么忌讳猪肉

　　1940년에 태어나서 스무 살이 되기까지 나는 동해안（東海岸）의 작은 도시 강릉（江陵）에서 살았다. 이 지방에서도 나의 집 선교장（船橋莊）음식에서는 돼지고기를 찾아볼 수 없었다. 우리나라 상류가정이 모두 그랬듯이, 음식에서의 육류 사용은 쇠고기 일색이었고, 선교장도 예외가 아니었다. 선교장 음식은 우리나라 상류가정의 표본이었다. 그것은 서울 상류사회와 직접 이어져 있었기 때문이다. 우리 집안으로 시집온 며느리들은 대부분이 서울의 상류가정 출신이었다. 시집온 그녀들의 솜씨와 시댁인 선교장의 전통 음식 매뉴얼들이 오랜 세월 동안 혼융（混融）하면서 이 가정의 음식의 전통을 만들어갔다. 나는 그 울타리 속에서 내 마음과 육신을 키웠다. 상류가정에서 돼지고기를 기피하고 쇠

而更偏爱牛肉，想必是与家畜饲养的状态有着很大的关系。与牛相比，猪圈的管理杂乱无章，容易饲养，而且猪肉相对较容易腐坏。更重要的原因是，当时的猪肉主要用作跳神或祭祀的供品，所以儒林雅士们就有意无意间忌讳食用猪肉。猪当然被认定是上不了台面，与牛无法相提并论，甚至连属相中的猪也不受欢迎了。

从古至今韩国人比起猪肉更偏爱牛肉，从料理的种类看也是牛肉的更丰富。然而对于贫穷的百姓来说，为摄取蛋白质而更容易接近的肉类就是鸡肉与猪肉，所以猪肉也是广受欢迎的肉类之一。

说起韩国民族何时开始把猪作为家畜饲养，那要将时间逆转到两千年前了。直至朝鲜时代末期，韩国人饲养的都是本土品种的猪，它的身体小且黑、嘴长、身体健壮、不易染病、主要在山间饲养。后因外来品种的引进，本土品种逐渐消

고기를 선호했던 것은 그 가축들이 사육되는 모양새와 깊은 관계가 있다고 생각한다. 소에 비해 돼지는, 우선 우리가 지저분했고 아무렇게나 기른다는 통념이 있었을 뿐 아니라, 돼지고기는 상하기 쉬운 식자재 (食資材) 로 여겨졌다. 더구나 돼지고기는 굿이나 고사용 (告祀用) 으로 많이 사용되었던 터라 알게 모르게 유림 (儒林) 반가 (班家) 에서는 기피했던 탓도 있을 것이다. 소에 비해 돼지는 자연히 품격이 낮은 가축으로 인식되었다. 십이지 (十二支) 가운데 소띠가 좋으냐 돼지띠가 좋으냐 물으면 모두들 소띠라고 했던 어린시절의 추억이 떠오르곤 한다.

어쨌거나 한국에서는 역사적으로 돼지고기보다 쇠고기를 선호해 왔고, 음식의 종류로도 돼지고기 요리보다 쇠고기 요리가 훨씬 발달해 있다. 하지만 예나 지금이나 가난한 서민층에서 단백질 섭취를 위해 그나마 쉽게 접할 수 있었던 육류는 닭고기나 돼지고기였고, 지금도 돼지고기는 많은 사람들이 즐겨 먹는 육류 중 하나이다.

한국에서는 돼지고기를 저육 (猪肉, 혹은 제육) 또는 돈육 (豚肉) 이라고 한다. 우리 민족이 돼지를 가축으로 기르기 시작한 것은 지금으로부터 이천 년 전으로 거슬러 올라간다. 이 재래종이 조선시대 말까지 사육되어 오다가 외래종이 도입되면서 점차 사라졌는데, 한국 재

失。所以在韩国除了叫"猪肉"还可以叫作"豚肉"。

猪肉也是一般家庭经常用来招待宾客的食物。将片肉以炖、烤、炒、煎等多种方式做成菜肴。炖猪排、灌肠、片肉等料理也曾在宫中不时作为御膳。在民间,村庄里举行庆典或重要仪式时,会将煮熟的猪头作为祈福的供品。

作为乡土食物,猪肉料理在各地方有其特色的吃法。比如济州岛的几种猪肉做法,乳猪炖煮过程中把浸泡的糯米用手捻碎放入一起熬煮成的"猪仔粥",将断奶前或出生不足月的小猪崽儿整头煮熟食用的"胎乳猪",与土豆和青辣椒用酱油酱烧的"酱猪肉"等。全罗道叫茂朱的地方有道特别的菜肴叫"怜仔",以前是"镇安"地方的员外们喜好吃的,所以被当地的美食家们指定为首屈一指的菜肴。就是将出生不足月的小猪崽儿煮熟,蘸辣椒酱食用,如果是取胎中的小猪

래종 돼지는 검은색으로 몸이 작고 주둥이가 길며 체질이 강건하여 질병에 잘 견뎠으며, 주로 산간지방에서 사육되었다고 한다.

돼지고기는 집안에 대소사 (大小事) 가 있을 때마다 손님 접대 음식으로 자주 사용되어 왔다. 주로 편육 (片肉) 으로 사용되었으나, 찜이나 구이, 볶음, 지짐이 등 다양한 방식으로 조리되기도 했고, 궁중 (宮中) 에서도 돼지갈비찜, 순대, 편육 등의 요리로 임금님께 올려지기도 했다. 특히 민간에서는 마을의 축제나 중요한 의식을 거행할 때 늘 삶은 돼지머리를 놓고 복을 빌었다.

향토음식으로서 돼지고기 요리는 지방마다 그 특색을 달리하고 있다. 제주도에서는 돼지새끼를 삶다가 찹쌀과 멥쌀을 불려 손으로 으깨어 죽을 쑤어 먹는 '돼지새끼죽', 어미 젖이 떨어지기 전즉 생후 한 달이 안 된 새끼돼지를 통째로 삶아 먹는 '돼지새끼회', 돼지고기에 감자. 풋고추를 넣고 간장에 조려 먹는 '돼지고기조림' 등의 음식이 있었다. 전라도 무주 (茂朱) 지방에는 '애저' 라는 특별한 음식이 있다. 본래 진안 (鎭安) 지방의 토반 (土班) 들이 즐겨 먹던 음식으로, 이곳의 식도락가 (食道樂家) 들에게 으뜸으로 꼽혀 왔다고 한다. 낳은 지 한 달이 안 되는 새끼돼지를 가마솥에 삶아 양념고추장에 찍어 먹었는데, 새끼를 밴 어미돼지 뱃속에서

崽儿做的就更好吃了，而且也是绝好的滋补菜肴。另外还有叫"怜仔汤"的，是将传统大酱用水调稠，放入小猪崽儿、人参、大枣、银杏、栗子、蒜、生姜、鹿角、炮附子等熬煮的汤。因为幼小的猪崽儿看起来就比较惹人怜爱，所以把"乳猪"说成"怜仔"。"怜仔汤"是从前富人为了孝敬年老的父母，将胎中的小猪崽儿做成美味的菜肴，以便于牙齿不够坚固的父母食用从而摄取蛋白质。

如今，猪肉料理也是五花八门，大家都喜欢吃的有"烤五花肉""烤猪排""灌肠汤""白切肉""酱猪手"等等，种类不下数十种。

如同这长久以来一直在我们生活中的猪肉，回望当年在江陵"船桥庄"度过的岁月和踏入首尔出版界的六七十年代，感触颇深。我的出版社"悦话堂"在首尔清进洞的胡同里成立第一个办公室时，与作家们围坐一起，就着烤五花肉、

꺼낸 새끼돼지로 조리하는 것이 더욱 맛이 있으며, 보양식으로도 그만이었다고 한다. 더불어, 재래 된장을 걸쭉하게 푼 물에 새끼돼지와 인삼, 대추, 은행, 밤, 마늘, 생강, 녹각 (鹿角), 포부자 (炮附子) 등을 넣어 백숙 (白熟) 처럼 삶아 탕으로 먹는 '애저탕'도 있다. 원래 새끼돼지는 '유저 (乳猪)' 라 부르는데, '애처로운 새끼돼지' 라 하여 '애저' 라 불렀다 한다. 애저탕은 옛날에 부자들이 늙은 부모님을 봉양하기 위해 개발한 음식으로, 치아가 튼튼하지 못한 부모님께 단백질 섭취를 해드리고자 태중 (胎中) 에 있는 부드럽고 연하며 영양가가 풍부한 새끼돼지를 삶아 드렸던 것이다.

이 외에도 오늘날 한국사람들은 돼지고기 요리를 다양하게 즐기고 있다. 서민들이 가장 즐겨 먹는 '삼겹살구이' 와 '돼지갈비구이', 돼지머리고기와 돼지 창자 등을 넣고 끓인 '순대국', 삶은 돼지고기를 새우젓국에 찍어 절인 배춧잎에 싸 먹는 '돼지고기 보쌈', 돼지의 발 부위를 갖은 양념과 함께 삶은 후 설탕, 간장 등에 조려 새우젓과 곁들여 먹는 '돼지족발' 등 요리의 종류는 수십 가지에 이른다.

이렇듯 장구한 시간을 우리와 함께해 온 돼지고기, 그리고 강릉 (江陵) 선교장 (船橋莊) 에서 1940년대와 1950년대를 보내

酱猪手、烤猪排等举杯畅饮的场景隐约浮现。那烤得渐渐焦黄的五花肉，伴着往日甜涩的回忆，蓦然怀念起旧时珍惜的朋友们。

☆韩国著名的料理研究家赵后钟先生为本文提供了多种有关猪肉菜肴的信息。

注解："船桥庄"

船桥庄是朝鲜时代的贵族李乃蕃（1703~1781）在江原道江陵市修建的高级住宅。一九六五年被指定为国家第5号重要民俗材料。据说建造船桥庄时门前就是镜浦湖，因此进出都必须以船为交通工具。现在船桥庄已经看不到镜浦湖了。船桥庄一直由李乃蕃及其子孙后代居住，三百多年间，传统房屋样式保存完好，曾被韩国KBS电视台评选为韩国十大最美的传统房屋之一。

고 상경하여 그 후 출판계에 입문하던 1960년대와 1970년대를 떠올려 보니 감회가 깊구나. 더구나 서울 청진동 (清進洞) 골목에 나의 출판사 열화당 (悅話堂) 의 첫 사무실을 내고 작가 (作家) 들과 소주잔을 기울이며 해장국과 삼겹살, 돼지족발과 돼지양념갈비를 먹던 때가 아련히 떠오른다. 노릇노릇하게 익어 가던 삼겹살이 나의 옛 추억과 더불어 소중한 벗들까지도 불현듯 그립게 만든다.

※ 한국의 저명한 요리 연구가인 조후종 (趙後鍾) 선생은 이 글을 위해 돼지고기 요리에 관한 다양한 정보를 제공해 주었다.

선교장 (船橋莊)

강원도 (江原道) 강릉시 (江陵市) 동북쪽의 경포호 (鏡浦湖) 근처에 위치한, 조선시대 (朝鮮時代) 양반가 (兩班家) 의 전형을 보여주는 아흔아홉 간짜리 고택 (古宅) 으로, 조선 태종 (太宗) 의 둘째아들인 효령대군 (孝寧大君) 의 11세손 무경 (茂卿) 이내번 (李乃蕃, 1703-1781) 이 지었다. 현재 국가 지정 중요민속자료 (重要民俗資料) 제5호로 지정되어 있다.

错谬的世界

何安娜（德）[学者]

印芝虹　译

Verkehrte Welt

Annette Hillers-Chen

　　他们一起坐在餐馆里。她吃着毛最钟爱的菜肴，她的中国同伴正嚼着鸡拐。她永远也无法明白，他怎么偏偏这么喜欢吃鸡的这个部位。根据人们向她作的种种解释，是因为这个部位锻炼得最充分——它始终在运动，所以特别地有营养，特别地鲜美。而对于她来说，这不过是一块带着点皮的软骨。

　　"你怎么吃得下这东西？"他问，那颤动的肥肉皮令他不忍卒"睹"。

Sie saßen zusammen im Restaurant. Sie aß Maos Lieblingsspeise, ihr chinesischer Begleiter Jiguai（鸡拐）. Sie konnte nie verstehen, wieso er gerade diesen Teil des Huhnes so mochte. Nach allem, was man ihr erzählt hatte, war dieser Teil besonders gesund und schmackhaft, weil er am meisten durchtrainiert war – ständig in Bewegung. Für sie war es einfach ein Stück Knorpel mit etwas Haut.

„Wie kannst Du das nur essen? " fragte er abgestoßen von dem Anblick der schwabbeligen Schwarte.

她不无惊讶地挑起眉毛。他让她感觉自己极端落伍。这年头谁还乐意吃又肥又咸的煮肉块？只有那些不懂自制耽于享受的弱智的家伙吧？如今的新潮流显示的可是正好相反的方向。用测脂器对付脂肪肝，用去脂针对付脂肪膜，用竞技锻炼对付粗胀的橘皮腿，用紧身衣对付鲁本斯。跟不上潮流可就会迅速地失去脂肪了（德国谚语：声名狼藉了）。

她想到她的妹妹。她从小就要人替她剔掉煎排骨上的肥肉。她自己呢？当红烧肉第一次端到她面前时，她不是也同样感觉到不舒服吗？直到她用自己的舌头体味到，正是那油脂使这肉料变成了柔软的红色的肉块。

她津津有味地咬去咬那浓汁羊肉。他在啃下一块鸡软骨。这样一根软骨根本就没有什么内容嘛！他吃这种东西怎么能够抵御下一次的禽流感？而她却会全副武装起来。就像她的祖母

Sie zog erstaunt die Augenbrauen hoch. Er gab ihr das Gefühl, unheimlich rückständig zu sein. Wer aß noch freiwillig fette, salzige, gegarte Fleischklumpen? Waren das nicht schwache Menschen, die sich unkontrolliert ihrer Lust hingaben? Wo doch heute der neue Mainstream eher in die andere Richtung zeigte. Fettrechner gegen Fettleber, Fett-weg-Spritze gegen Speckpolster, Fitness gegen Mandarinenhaut, Size Zero gegen Rubens. Da konnte man schnell sein Fett wegbekommen (dt. Sprichwort für „diffamiert werden"). Sie dachte an ihre Schwester. Diese hatte schon als Kind vom Kotelett das Fett liegen lassen. Und hatte sie selbst nicht das gleiche Unbehagen gespürt, als sie erstmals Hongshao Rou vor sich hingestellt bekommen hatte? Erst als sie mit ihrer eigenen Zunge gespürt hatte wie gerade das Fett das Fleisch zu den samtweichen roten Fleischecken machte. Mit Genuss biss sie in die saftige Kost. Er nibbelte an einem weiteren Hühnerknorpel. So ein Knorpel hatte ja gar keine Substanz! Wie wollte

总爱说的:"肥肉熬出浓汤。"这汤又能生出温度和能量——特别是在冬天里,人们需要储备热能以抵御寒冷的日子。汤汁缺少油水——这还算什么汤啊?猪油在战后的德国虽然是一种穷人食品,但有钱买猪油的人,已经比别人强了不少,无论如何也能熬过冬天,即便对肉肠的梦想总是更加富有吸引力的,直到今天。

"这东西很不健康,"他继续道,"总有一天,你也会像你们发达国家里的其他人一样得糖尿病的。你知道吗?过度肥胖在你们那儿已经成为一个巨大的社会问题了。"

过度肥胖。这个问题她在上小学时就听说了。现代艺术博物馆里不是展示过约瑟夫·鲍轶(Joseph Beuys)的那堆巨型脂肪吗?它们曾经引发事端。博物馆的清洁工们想把作品上面的一块污秽擦拭掉,却没料到因此毁掉了一件价值几百万马克的

er nur die nächste Hühnergrippe überstehen? Sie würde gewappnet sein. Wie schon ihre Oma immer gesagt hatte: „Fettes Fleisch gibt fette Brühe. " und die wiederum gab Wärme und Energie – gerade im Winter brauchte man Vorrat für die kalte Zeit. Suppen ohne Fettaugen – was waren das denn für Suppen? Im Nachkriegsdeutschland war Schmalz zwar ein Arme-Leute-Essen, aber wer Geld für Schweineschmalz hatte, war anderen schon um einiges voraus und konnte auf jeden Fall den Winter verkraften, selbst wenn der Traum von Wurst bis heute nicht an Anziehungskraft eingebüßt hatte. „Das ist ungesund. " fuhr er fort. „Eines Tages bekommst auch Du Diabetes, wie all die anderen in Euren entwickelten Industrieländern. Wusstest Du, dass die Überfettung der Gesellschaft bei Euch mittlerweile ein riesiges Problem ist? "
Überfettung der Gesellschaft. Das hatte sie schon in der Grundschule gehört. Im Museum für moderne Kunst lagen doch Joseph Beuys

艺术品，一件毫无疑问是用艺术的方式表现西方世界的营养过剩问题的艺术品。不过她那个时候就觉得这种表现有些别扭。她虽然是科尔（Kohl）时代的那代人，也就是说是在丰裕年代里长大的，但是众所周知，这个时代已经过去了，在她的亲戚熟人圈子里，身体饱满绝无贬义。有线条和臀部丰满的妇女让人"摸着实在"，是十分富有魅力的，且首先是具备抵抗能力的，与富有繁殖和生育能力同义。或者就如一个民谚所言：肥肉诱惑。而现在却突然要把所有垂涎欲滴的美食都给断送了吗？干脆说吧：这道菜难道不是一种中国的传统菜肴吗？怎么可以就这么拱手将传统的东西祭献给时下的风气呢？

　　她凝视着他，但同时不能败坏自己的胃口。不管怎样，她有臀有胸。她宁愿做一个丰满的女人而不做一个肥胖的官员，即便按照德国谚语，在

Fettklötze. Und die hatten Wellen geschlagen: Das Reinigungspersonal des Museums wollte den Dreck wegputzen, nicht ahnend, dass es damit ein millionenschweres Kunstwerk zerstörte, ein Kunstwerk, das Deck eindeutig die Übersättigung der westlichen Welt künstlerisch verkörperte. Schon damals fand sie diese Verkörperung gewöhnungsbedürftig. Zwar war sie in der Kohl-Generation, also in den fetten Jahren aufgewachsen, aber die waren ja bekanntlich vorbei und in ihrer Verwandschaft und Bekanntschaft war Leibesfülle keineswegs abstoßend gemeint gewesen. Kurvige Frauen mit prallen Hintern hatten „was zum Anpacken", waren durchaus attraktiv und v.a. widerstandsfähig was gleichzusetzen war mit Fruchtbarkeit und Gebärfreudigkeit. Oder wie eine alte Volksweisheit sagte: Fettes Fleisch lockt. Und jetzt sollte jeglichem Gaumenschmaus plötzlich der Gar aus gemacht werden? Überhaupt: War dieses Gericht nicht ein traditionelles

官员那里，油脂总是漂浮在水面上的（意指"他们永远有理"）。再说了，时不时地有度地享受享受肥润的美食与总是像个松垮的土豆麻袋在电视机前消磨时光是不一样的。街上出现了那么多的新手司机，他们是否知道运动何等重要？她不管怎样还每天骑车呢。他们知道看电视、在电脑跟前工作以及与之联系在一起的久坐对身体有害，起码是与油脂同样有害吗？她不管怎样还每天练习太极呢。或者说他们是否知道，即便是麦当劳的鸡翅也是在油脂里煎炸出来的吗？她不管怎样从来不会抬腿迈进这些连锁店，除非去喝咖啡。还有大量的酒精对肝脏的毒害，他们在乎吗？而一杯啤酒对她来说已经足矣。

她瞥见邻桌的妇女从包里取出唇膏慢慢地涂在其发干的嘴唇上。这令她不由地想到她的叔叔维利。他是一个结实的屠宰手，要不是他，她可

chinesisches Gericht? Durften Traditionen einfach so dem Zeitgeist geopfert werden?

Sie starrte ihn an, ließ sich aber den Appetit nicht verderben. Immerhin hatte sie einen Po, und auch einen Busen. Sie war lieber ein Vollweib als ein fetter Beamter, auch wenn bei dem nach einem deutschen Sprichwort das Fett immer oben schwamm. Und außerdem machte es einen Unterschied, ab und zu fette Kost in Maßen zu genießen oder seine Tage im Allgemeinen wie ein schlaffer Kartoffelsack vor dem Bildschirm zu verbringen. Ob die vielen neuen Autofahrer wohl wussten, wie wichtig Bewegung war? Sie fuhr immerhin täglich Fahrrad. Oder dass Fernsehen oder am Computer Arbeiten und das damit einhergehende Sitzen mindestens genau so schlecht für den Körper waren? Sie übte immerhin täglich Taiqi. Oder dass selbst magere McDonald's Chicken Wings in Fett gebacken wurden? Sie setzte immerhin außer für Kaffee keinen Fuß in diese Kette. Oder dass

能不会知道，在德国，所有不受欢迎的肥肉皮都被卖给了制药业，在那里被加工成护肤膏和化妆品。也就是说肥肉敷在枯瘦的身体上，这在如今是时尚。鲁本斯一定会觉得十分有趣。

她拣起最后一块肥肉，朝他微笑着。"所有令你心潮澎湃的都是重油浓脂的。"背景音乐放的是"油面包"（德国说唱乐队）的作品。"错谬的世界！"她轻声嘀咕道，一边满心欢喜地张开了嘴巴。

Schnaps in großen Mengen Gift für die Leber war? Sie hatte mit einem Glas Bier genug.

Sie sah wie eine Dame am Nebentisch ihren Lippenpflegestift aus der Tasche nahm und sich langsam ihre ausgetrockneten Lippen einfettete. Dabei musste sie unweigerlich an ihren Onkel Willi denken. Der war ein stämmiger Metzger und ohne ihn hätte sie wohl kaum erfahren, dass all die in Deutschland nicht gewollten fetten Schweineschwarten an die Pharmaindustrie weiterverkauft und dort zu Cremes und Makeup verarbeitet wurden. Also fettes Fleisch auf dürren Leibern, das war heute in. Rubens würde das wohl lustig finden.

Sie nahm sich das letzte Stückchen und lächelte ihn an. „Fett ist alles, was Dich anmacht" sang „Fettes Brot" (deutsche Hip-Hop-Band) im Hintergrund. „Verkehrte Welt" säuselte sie und öffnete voller Vorfreude ihren Mund.

养肉千日 用在一时

梅丹理（美）[汉学家]

收到朱赢椿有关"肥肉"的约稿邮件时，我在北京正忍着寒冷的风，天天在外面奔跑办事情（我不幸丢失身份证，前几天才拿到新的证件）。办事之余，躲在小旅馆地下室的经济房里赶工作。对朱先生提出来的"肥肉"主题感慨良深。那时新闻网站说很多城市供电紧张，在河南的几个城市只剩下三天的电煤，在北京这样的大城市，也只剩下八到十天的电煤。秦皇岛港口调动了很多临时的运煤船只，但因为积雪和寒冷，各地的运输有很多的困难。这个时候我就想到人们冬天用电的习惯。有的人在家里或商店里把暖气开得很大，而现在人因为暖气设备好，不愿意在室内穿上厚毛衣或棉袄，有的商业大厦和大饭店遇到寒流，照样打开很大很亮的电子广告板，耗费很多电。

人身上的脂肪本来是一个保温层。我们因为吃上肥肉而长一层肤下脂肪，使体态显出福气也是一件好事。人身上的肥肉（即脂肪组织）本来有三个功能：保温、储备燃料、体态的美观。我提到美观，因为我深深地了解，肥肉也是人体的伟大雕塑师。长在关键地方的肤下脂肪，哪怕四分之一寸或半寸，都可能成全一个人身上的曲线美，是女人魅力的重要成分。（肥肉这个雕塑师也有失败的作品，比方说，它会使一个人长出满脸横肉！）

肥肉当然很好吃。

但除了美食和美观的考虑以外，肥肉绝对也有实用的功能。人类没有冬眠期，但是人跟熊一样，身上的肥肉可以保暖，也可以提供热量，通过新陈代谢作用，渐渐地释放脂肪细胞里所储备的剩余热量；脂肪细胞缩小了一点，人也苗条了一点，是大自然在我们体内提供的一种微妙的取暖方式，唯一的条件是你要具备一点忍寒的能力和毅力。美国的印第安人说，要懂得在睡觉时跟自己摔跤一番，就可以放出自己体内的热。（像很多老派上海人那样，躺在潮湿的被窝下熬过一个一个的寒夜，不知道省了多少燃料？）

肥肉是长在我们身上的热量，是养兵千日用在一时的体内资源。平时我们不用它，对它没有要求，让它能像骆驼背上的驼峰一样，是我们身上很自然的一部分。但当我们需要它时，为了对主人的宽厚待遇有所回馈，为了让我们减少用电，它应该勇往直前牺牲自己的一部分甚至全部的油脂，让我们能够在自己的体内取暖。

肥肉

毫克（德） [诗人]

Fettes Fleisch

Hauke Hückstädt

我经常说，于我而言，南京真正的风景是生活在这里的人们。不过，也绝不能低估我在那品尝过的"肥肉"。

Ich habe oft gesagt, die wahren Sehenswürdigkeiten Nanjings sind für mich die Menschen, die in dieser Stadt leben. Aber man sollte auch das Fei Rou nicht unterschä tzen, das ich dort genossen habe.

肥肉对话

海纳（德） [音乐家]

成红雨 译

Kleines Gespräch über Fettfleisch

Rainer Granzin

　　HY：那么，说说有关德国的肥肉吧。

　　RG：什么——肥肉，究竟是肥还是肉？

HY: Also, erzähl mir mal etwas über Fettfleisch in Deutschland.

RG: Wie – Fettfleisch, was nun Fett oder Fleisch?

HY: Naja, eben dieses speziell gekochte Fleisch, das größtenteils aus

HY：就是经过特殊烹饪的肉，大部分由脂肪组成，你在中国也吃过的。

RG：OK，我想起来了，那对我来说太结实了些。在德国只能用猪肚子上的肉来作比较，上面有很多脂肪，还有就是熏肉，熏肉也是猪肚子上的肉来做的。这样的肥肉，在肚子部位，皮肤和肌肉纤维之间。

在德国，人们对饮食多少都有些摇摆不定的观念。你知道，在德国有很多胖子，生活方面太好了，在饮食上他们都不愿意节制，左观右看自己哪个部位还能减肥的同时，却还又在增加体重，有些意志不坚定。

HY：是啊，德国人……

RG："脂肪"在德国成为了一个警告信号，含有很多负面的意思，很典型的富贵病现象。在二十世纪中叶，脂肪或肥肉还对生活具有重要意味，因为那时侯生活物品无论在品种还是在数量上都很有限，特

Fett besteht, du hast es doch in China auch gegessen.

RG: O.k., ich erinnere mich, das war etwas zu deftig für mich. In Deutschland könnte man das am ehesten mit Schweinebauchfleisch vergleichen, da ist nämlich viel Fett dran oder eben einfach Speck, der ja auch aus Schweinebauch gemacht wird. Es ist das fette Fleisch, welches sich zwischen der Haut (Schwarte) und dem roten Muskelfleisch am Bauch befindet und von den Rippen durchzogen wird.

Die Menschen in Deutschland haben leider ein etwas ambivalentes Verhältnis zum Essen.

Du weißt, in Deutschland sind sehr, sehr viele Menschen übergewichtig, zu viel Wohlstand, und auf das Essen und Trinken wollen sie nicht verzichten, also schauen sie hier und da, wo sie Fett auslassen können, um andererseits wieder voll zuschlagen zu können, ein bisschen inkonsequent.

HY: Jaja, die Deutschen…

RG: So ist der Begriff „Fett" in Deutschland zum Alarmsignal geworden und hat für viele einen negativen Charakter. Typisches Wohlstandsphänomen, denn bis Mitte des 20. Jahrhunderts hatte

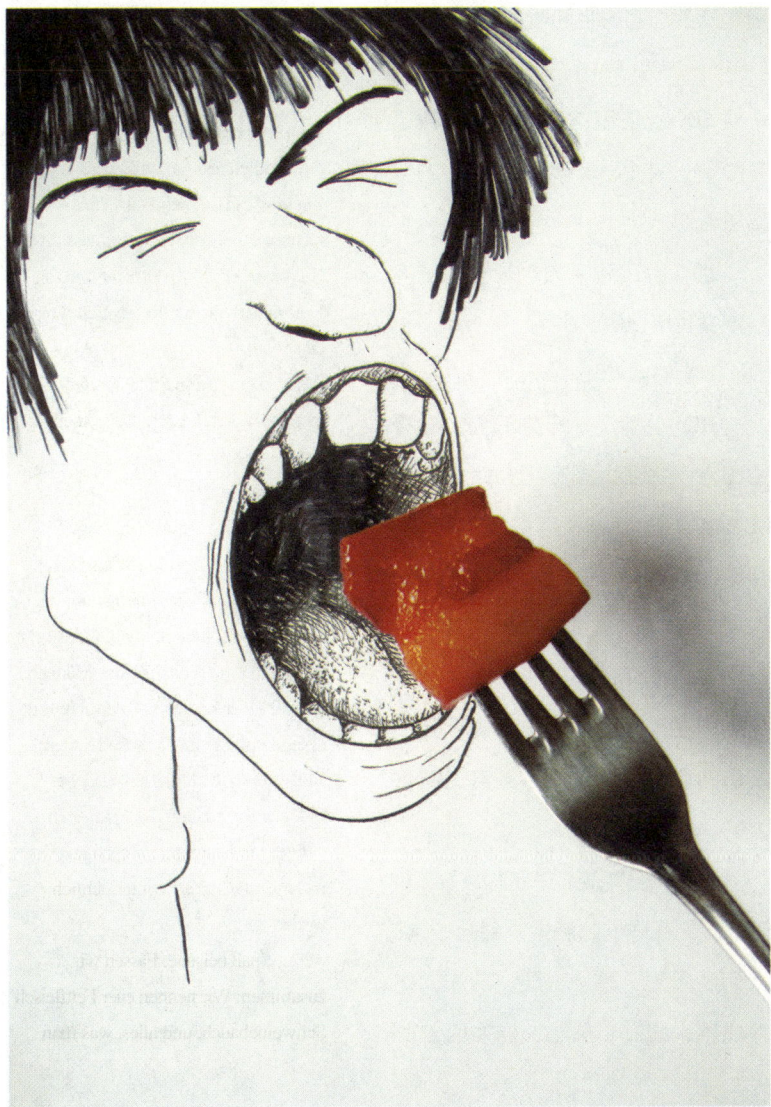

绘画 摄影 海纳

别是营养丰富的生活物资。

一个例子：很多人并不知道，一块 100 克的肥肉里的卡路里数只等同于一块 40~50 克的巧克力的卡路里含量。

那么相比巧克力，把一块肥肉当零食也可以啊。

HY：哈哈……

RG：你笑了——你只需要看看德国人就好了。国际肥胖研究协会（LASO）进行一项新课题的研究：在德国有 75％ 的男性和 59％ 的女性都过胖了，儿童也有近 20％ 的比例——你可以看到，有这么多的肥肉在德国的街道上行走，我们制造的肥肉多于我们每天真正吃下去的。

OK，玩笑放在一边。总结一下：我们称你们的肥肉为猪肚子肉，人们能做的，是烧、煨、煎炸，作为热菜；腌制、熏制，作为面包的

Fett und Fettfleisch eine wahrhaft überlebenswichtige Bedeutung, da die Vielfalt und Menge an Lebensmitteln doch sehr beschränkt war, vor allem die wirklich nahrhaften Lebensmittel. Ein krasses Beispiel: Es ist vielen nicht bekannt oder bewusst, dass die Kalorienmenge in 100g sehr fettem Fleisch der von nur 40-50g Schokolade entspricht.
Also lieber mal ein Stück Fettfleisch zwischendurch knabbern als einen Schokoriegel.
HY: Hihihi….
RG: Du lachst – dabei brauchst du dir nur mal die Deutschen anschauen. Eine neue Studie der International Association for the Study of Obesity (IASO) belegt, dass 75% der Männer und 59% der Frauen in Deutschland zu übergewichtig sind, bei den Kindern sind es etwa 20%. – Also du siehst: In Deutschland läuft das Fettfleisch auf der Straße herum, wir produzieren mehr Fettfleisch als wir tatsächlich essen.
- O.k., Spaß beiseite. Fassen wir zusammen: Wir nennen euer Fettfleisch Schweinebauch, und alles, was man

凉配菜（你知道我们是世界上最大的面包饮食者），或者作为精美的正餐菜肴。毕竟脂肪有很好的味道，是香味的载体。

HY：对于一本关于肥肉的书，你想说点什么吗？

RG：当然是难以想象的，如果有人在德国有这么一个点子，写一本关于肥肉的书，可能会是本烹饪书。但在其他的国家，其他的风俗，在习惯和口味上，岂不是一个问题了吗？

在世界上，中国的饮食品种非常丰富，饮食角色具有非常重要的意义，还不像在德国那样退化。

无论如何，我们花了这么多时间谈论有关肥肉的话题，下次吃肥肉的时候，我会用完全另一种享受的方式对待它，这是一定的。

daraus machen kann, also kochen, garen und braten als warmes Gericht, pökeln und räuchern als Speck, was dann meistens kalt zum Brot (du weißt ja, wir sind die größten Brotesser!) gegessen oder zum verfeinern von Speisen dazugegeben wird. Immerhin ist Fett ja der beste Geschmacks- und Aromaträger.

HY: Und was sagst du zu einem Buch über Fettfleisch?

RG: Natürlich unvorstellbar, dass jemand in Deutschland auf die Idee kommen könnte, ein Buch über Schweinebauch zu schreiben, es sei denn es wäre ein Kochbuch. – Aber andere Länder, andere Sitten, und ist nicht alles eine Frage der Gewohnheiten und der Geschmäcker? Und immerhin ist China sicherlich das Land auf der Welt, das das vielseitigste Essen bietet, und wo die Rolle des Essens einen sehr hohen Stellenwert hat und noch nicht so degeneriert ist wie in Deutschland.

- Jedenfalls werde ich das nächste Mal Fettfleisch mit ganz anderem Genuss essen, nachdem wir uns so lange damit beschäftigt haben, das ist sicher.

福補食精　小　肉隔盎盏　重
養氣用鹽　時　　　盏盎　茶
千血功調　下　　　　　　　　
羹　　　　　　　　　　　　　　
堂　　　　　　　　　　　　　　
（美　　　　　　　　　　　　　
七　　　　　　　　　　　　　　
历　　　　　　　　　　　　　　

效味　　　　　　　　　　　　延

寶盏調哥少水放入盎
　　　　許炖鍋
　　　　　　4

烩

爱吃的人，总是误以为自己到哪里，身边都有爱好美食之人环绕，看书也不例外。

有朋友真好，只要挨一点苦，就有很多朋友关心你，愿意熬夜陪你吃宵夜，说笑话给你听。深夜两点半的小半碗猪油捞饭，吃的是友情。

那些肥肉，曾经是我的童年舌尖上的全部幸福。

绘画　李津

即使是油渣

殳俏 [作家]

"即使是油渣，"一位胃炎患者正说着，"趁着热腾腾的时候都很好吃。当油脂开始融化时，会开始收缩，直到整个干掉为止，在此时加入胡椒和盐调味，我向你们保证，即使是鹅油渣也比不上这种美味。"

对于这样的语句，大多数人应该都深有同感吧。在意大利旅行时，我曾吃到过镶嵌着油渣碎的面包，喝过浮着油渣的豆汤，有些醮酱里也星星点点暗藏着油渣。最过分的是，有时候你面对一盆手工擀制的粗面，上面粗糙而应季地散落着本地的黑松露碎，你想着要给这盆面打九十分，却依然挑剔着："有没有可能在味道上表现得更民风淳朴一点呢？"而下一秒钟，当你用叉子卷起面条送入口中时，便发现，松露碎中竟然混迹了油渣！这真是一种混账而又美好的处理方法啊。仿佛王子与贫儿，冥冥之中便是长了难以分辨的相貌，但骨子里的品格却完全互补，完全惊着了对方。"我们有时候也会在面饺里放进油渣，"擀面的老妈妈得意地说，"这让你在咀嚼的时候有个机会思考，那里面到底是什么呢？香而脆，但它从来不会抢了任何主料的风头。"

"鹅油渣就不用说了，"一位胃癌患者说道，"没有比这更美味的东西。把它们拿来比较，天知道猪油渣差了多少！我们知道，鹅油渣必须在火上烤到表面金黄的程度，就像犹太人的处理方式一样。他们会拿起一只肥鹅一直剥，直到把鹅脂取出，然后就这样子烤。"

谢天谢地，我是个幸运儿，吃过大众喜闻乐见的猪油渣，也尝过那看上去挺稀有的鹅油渣。但是否直接从宰好的肥鹅体内取出鹅脂，我不得而知，只觉得炸好的鹅油渣切碎了放在白饭上，浇点卤鹅的酱油汁，拌饭一流。至于被这一位嫌弃的猪油渣，我见过家里的老人，发明出极其诱人的吃法，便是将炸好的猪油渣夹在面包片里，再配点普通的午餐肉、香肠之类，咔嚓、咔嚓地咬着，那声音让人的胃袋肃然起敬。而另一种搭配，则是夹在白馒头里，这时候，猪油渣就要搭配咸菜，或者酱萝卜。咬的时候，猪油渣依然是咔嚓、咔嚓，而酱萝卜的声音则是嘎扎、嘎扎。

"你们知道你们搞错了吗？这指的其实是猪油渣。"帅克旁边的人说道。

"当然，我指的是在家里做的猪油渣，因此又被称为'家用油渣'的那种。颜色不可以太深，也不可以太金黄，色调介于两者之间，所以口感也不能太软，或者太硬。咬在嘴里，尤其不能嘎吱作响，不然就炸过头了。吃进嘴里，应该要化开，而且不应该让人有黏在下巴上的感觉。"

当然，这让我想起了从小到大家里就没有停止过的"做猪肉佳肴附带炸猪油渣"的美好活动。每一次，炸好的猪油渣都会民主地分成两碗，一碗撒盐，一碗撒糖，两碗风味俱佳。而看官啊，您可千万别觉得猪油渣是味道浓烈的大油之物。曾经我陪同一个几乎不吃猪肉的娇小姐去某江南小镇，途中要吃午饭，推开一家面馆的门，菜牌上满目的猪腰面、大肠面、猪肝面，差点让这位小姐起了绝食的心。但这时候，店主悠悠给她单做了碗青菜汤面，热腾腾地端上来，当着她的面撒了把油渣。挑剔的女客人吃得极为欢喜，觉得既清淡，又入味。"下次来吃面，记得给我多撒点猪油渣。"

她恳切地说。

"你们有人吃过马油渣吗？"有个人冒出来说。

哎，这可难倒了我。马油渣并没有吃过，牛油渣、羊油渣倒都试过一点。那是在云南，吃带皮牛肉带皮羊肉火锅，吃得大汗淋漓，当时的主食，便是最后上了一盆夹着牛油渣羊油渣的新鲜出炉的小花卷，极香，极吸油，吃得胃里踏实，极舒服。

不过刚好医务士走了进来，没人来得及回答。

"全部都给我上床，大公夫人要来参观，把你们的脏脚盖好，不准给我露出来！"

你想的没错，我只是凑巧读到《好兵帅克》中讨论油渣的一段而已，不由自主地，就跟书里的人物自言自语地问答起来了呢。爱吃的人，总是误以为自己到哪里，身边都有爱好美食之人环绕，看书也不例外，即使讲的是油渣。

烧一碗红烧肉

靳卫红 [画家]

　　每次吞入一块红烧肉，常常是和心里的矛盾一起吞下去的。前几天努力节食的成果又完了。

　　红烧肉的诱惑很大，小时候爱吃，现在还爱吃。早些年我不烧饭，常向饭店寻一顿红烧肉过过瘾。但饭店的红烧肉很少有叫人满意的，并不是他们做不好，而是现在的饭店没工夫去用心焖一锅红烧肉。他们常用的方法，先把肉白煮至八成熟，待用时用酱油稍微调一下，如何能入味，如何能好吃！选料也糙。

　　什么样的才是好的红烧肉？软、黏、糯、咸、甜，既要入口即化，也要有部分在口腔中作适当停留，否则吃的不是肉，是油。

用五花肉，还是用前腿肉来做一碗红烧肉，常使我踌躇难决。

要论五花肉，肥瘦相宜，红白相间确是红烧肉的良好材料，可是它不及腿肉能烧出黏性的汁；腿肉虽然能烧得黏稠，将汤汁全部吸收，但常常是肥肉的部分又太大。如果一头猪可以任我宰割大概这个难题比较好解决，但我等不是什么王侯将相，只好在自由市场的肉贩铺面才能做点打算。二者相较，除非有非常打动我的五花肉，我常常选用前腿夹心肉。相对而言，肥的部分整体，容易出油，瘦的部分有些肥肉相间，吃起来比较嫩。

我妈妈烧肉常常先用油焙一下，焙的时候放一些盐，一点点醋，然后加佐料和水一起焖煮，也是非常好。早先搁进去的盐和醋确实起作用，让肉的味道变丰富。我的办法不固定的，有时这样，有时那样。一般来说我把肉和料一起下锅，开锅后焖煮，文火，直至肉着色汤稠，油起厚厚的透明的一层。夹起来的肉亮晶晶的，软软的，看样子也明白那肥、那瘦正是好吃，正好入口。

火功最重要，如果用急火，水分控制得好，烧出的味道也是一级的。

和猪油偷情

沈宏非 [专栏作家]

　　肥猪肉已经不大有人敢吃了，最起码，是已经不大有人敢当众、公开地吃了。事已至此，猪油作为肥猪肉的精华，就更是一件连提都不能提起的禁忌了。

　　很难在日期上确定猪油是从何时开始退出我们的日常饮食生活的。猪油毕竟不是油票、肉票和全国粮票。姑且以一九八五年为分界，就京、沪、穗及东南沿海的大部分城市居民而言，在此之前出生的，多少和猪油都沾过一点边，在此之后出生的，基本上一生下来就先天性免疫地与猪油划清界限了。

不吃猪油是一件绝对需要理由的事。这些理由包括：猪油中含有的饱和脂肪酸偏高，会增加胆固醇量，从而致血管硬化，直接引发高血压、心脏病与脑溢血等等。事实上，仅仅是医生的这些枯燥说教，并不足以把猪油逐出千家万户的厨房。猪油失宠的关键在于：第一，生活富裕；第二，包括花生油、粟米油、色拉油以及橄榄油在内的多种替代品源源不绝地登场。

　　很显然，不吃猪油跟不吃猪肉，应的都是同一个道理，即健康观念之外，还必须有实质的物质基础。比如，当瘦肉型的肉猪被大量培养出来，当这些瘦肉型的"肥猪"吃了哮喘药之后生产出更多的瘦肉之际，"不许猪肉见白油"自然就成了菜市场里买卖双方的一项共识。

　　酷爱猪肉的苏东坡尝叹："无肉令人瘦，无竹令人俗。"只是他没有说明这里的"肉"到底指的是肥肉还是瘦肉。若按照今人的解法，此"肉"必是瘦肉无疑，因为我们不仅同意"无竹令人俗"，而且更加相信有肥肉会令人俗上加俗直至俗不可耐。当然，对于任何一个像我这样的猪油爱好者来说，身处如此险恶的环境，对猪油的思念一旦控制不住乃至欲火焚身的话，其实只需像偷情那样，静悄悄地买一块猪膘回来自行冶炼一番即可解决。但是问题在于，一想到把这些充满了"白色恐怖"的猪油吃到肚子里之后就会变成我们自己的油，便唯有作罢，以"不如偷不到"来自我安慰了。

肥白

白总是与胖联系在一起，经验似乎也是如此。猪如此，人亦不出其右。但是其中的道理却不见有人认真探究过。胖人肤色较白，莫非是因为胖子大多天性懒惰，不爱从事户外活动因而少晒太阳的缘故。

无论如何，"肥白"给我留下了难以磨灭的印象。生平第一次读到这个词，是在《子夜》这部长篇小说里，出自很瘦的茅盾先生手笔。不过，作者用"肥白"来形容的并不是一个人物在外观上的概貌，而是大腿，而且是从旗袍边上露出来的。现在想来，我倒是更觉得世上真正称得上"肥白"的东西，只有猪油，凝结状态下的猪油。这大概也是汉语把牛油称为"黄油"的一个原因。很奇怪，那些吃"黄油"的，大都是白种人，而猪油作为大部分黄种人的"代表油"，倒是白的。当然，猪油的白并非白种人的那种惨白，怎么说呢，带点细腻，发着点暗淡而从容的光泽，总而言之，就是有点"润"有点"肥"的那种"白"，肥白。对了，就是德化窑烧出来的那种白，细腻如玉的瓷质上，釉面莹白如脂，世称"中国白"，又名"猪油白"。若以手抚之，感觉应该很像一副打了十年以上的象牙麻将牌里的那张白板。

其实我早就应该想到，"温泉水滑洗凝脂"里的"凝脂"，在以肥白为美的白居易时代，极有可能正是借自于猪油的通感。柏杨先生因而兴叹："凝脂，真不知白先生当初是怎么想出来的，仅此两个字就可以得诺贝尔奖。"据说，中国古代著名美女们身上的那些"凝脂"及其保养，经常会用到以猪油配成的美容膏。时尚杂志上刊有"古法猪油美容术"一则，操作过程如下：将新鲜猪油涂抹在洗净的脸上，然后用水蒸气熏蒸；若没有蒸气美容机，可用一个大碗倒入沸水，将浴巾连头带碗一起蒙住，让碗中的热气直扑脸部，熏蒸五至十分钟后揭下浴巾；若没有蒸汽美容机也没有大碗和沸水，也可以把猪油直接涂抹到脸上。

猪油在中国烹饪里的主要作用，是用来炒菜，准确地说，是用来和葱蒜一道爆香油锅的，就像法国人习惯于以牛油和红葱头来爆香油锅一样。

用猪油来做中国菜有很多好处，尤其在猪油被逐出厨房之后，这种种好处才会被慢慢地追忆起来。比如，猪油的发烟点较高，最适合爆炒和油炸，相比之下，比较"健康"的含不饱和脂肪酸的油类，通常都耐不了高温，容易氧化变质，而且会制造出浓密的油烟，反而有害健康。

其实炒菜倒在其次，在以下这三种南方点心中，猪油的表现力已臻完美境界。

宁波汤团，又名猪油汤团。以水磨糯米粉作皮，猪板油和黑芝麻作馅，搓成圆子入沸水中煮三分钟，加入白糖，撒上桂花，再看那团子，表皮呈玉色，一口咬破，便有一股由黑芝麻和猪油混合而成的黑油油的暖流汹涌而出。如果要为猪油汤团做品牌设计的话，我相信"黑泽明"是最佳之选，怎么轮也轮不到生发水头上。

芋泥，以福建盛产的槟榔芋为原料，加糖、猪油蒸制而成。除了芋头之外，芋泥好不好吃，全赖糖分、猪油的分量和温度之间的调和，也就是说，在这三者之间创造出一种肥、甜、粉、软、烫的交相融合。至于以虾肉和猪肥膘肉为馅料的广州虾饺，也是靠热力在蒸笼里将肥猪肉和虾肉里的油汁逼出来才会好吃的。不过，芋泥和虾饺虽双双健在，只是再不容易吃出乘鹤而去的猪油的味道了。令人徒兴"人面不知何处去，桃花依旧笑春风"之叹。

说到底，汉族在饮食上是一个以猪肉文化为代表的族群，取猪肉而舍猪油，情理难容。至于健不健康，就像十几年前的那场黄土文明和海洋文明之争，犯的都是方法论的错误，我相信，这种事情无所谓谁对谁错、谁优谁劣，重要的是谁好吃谁不好吃。中国菜若是离了猪油，就好像写毛笔字不用墨汁而蘸之以蓝黑墨水。当然，别说是墨水，你就是用毛笔、钢笔、铅笔、蜡笔或圆珠笔，甚至只用键盘，都能写出中国字来。

油然而生的幸福

除了动物油脂普遍的那股荤臊之外，猪油别有一种独特的味道，总是带给我一种油然而生的快乐和安慰，是一种弥漫着市井气息的、极致世俗的、温暖的幸福。

善于描写幸福滋味的法国女作家勒菲芙在《幸福存折·猪油洋葱配面包》中写道："让猪油缓缓融化，我注视着它，内心却涌现难以言喻的喜悦。等它热得嗞嗞作响，就可放入切好的洋葱薄片，让洋葱煎到呈金黄色为止。我闭上双眼，为这幸运的一餐而心存感激。该感谢谁我并不知道，但是心中确信的是生活将会有所改善而且更加甜蜜。然而在幸福未至之前，却永远也忘不了这个零摄氏度以下的冬夜里弥漫着的金黄色洋葱的气味。一想到即将解除饥饿感，一种遥远而深刻的喜悦便油然而生……现在烹调完成，该把它装进碗里，等猪油凝固即大功告成了。趁着这个空当，顺便把变硬的面包放在火上烘烤，暖暖手指，同时闻闻面包的香味，把凝固的猪油洋葱涂在刚刚烤好的面包上，撒点粗盐，配上一碗稀薄的牛肉汤喝，这种滋味与享用时的满足感，加上餐风露宿于结冰的夜晚，竟是此生永难追回的感觉！"

赋予猪油以诗意之温暖的又一文字记录，见之于张小娴《友情的猪油》："深夜两点钟来到'猪油捞饭'吃消夜，本来没什么心机，但是一边吃一边听蔡澜说笑话，忽然觉得，有朋友真好。只要挨一点苦，就有很多朋友关心你，甚至愿意熬夜陪你吃宵夜，说笑话给你听，本来怕胖，感恩图报，也吃了小半碗猪油捞饭，吃的是友情。"

陪着熟悉的猪油和这些不认识的人感动了半天，忽又觉得好生奇怪，对猪油如此有 feel，能将进食猪油的幸福与"深夜的友人""清晨的沐浴""失眠之后能再入睡的满足感""冬日里的风信子花开了"以及"到野外晒衣服"（以上均见于勒菲芙《幸福存折》）相提并论的，何以都是"嫉胖如仇"的女人？

猪油渣

香港人说的"油渣"，指的是柴油。虽然"柴油"这个词有时会令人联想起柴米油盐酱醋茶，凭空生出想点什么的感觉，不过，肚子饿的时候在加油站见到"油渣"两个字，我就会忍不住偷偷咽口水。

加油站其实是一个很不适宜咽口水的地方，但是"油渣"却使我强迫性地联想到好吃至极的"猪油渣"。猪油渣是肥膘肉熬制猪油之后剩余的残渣，但绝非猪肉之余孽，相反地，堪称猪肉和猪油的结晶。如果说猪油是流动的建筑，猪油渣就是凝固的音乐。小时候在上海，小食店里一小碟洒了点盐花的猪油渣，常常会是我和一些同学放学之后的下午茶点心，而且属于豪华型的高消费，只可偶尔为之。

其实八十年代之前出生的穷人，鲜有不把猪油渣视为人间珍馐的。据周润发说，他小的时候生活艰苦，一块萝卜、几块猪油渣，就可以吃一碗饭。猪油渣还舍不得吃，一定要留给阿妈。

中国以外，据说在法国的葡萄酒产区博若莱，猪油渣至今仍是很受欢迎的小吃，当地人还用它来配酒。这真是一个令我老怀大慰的好消息，若是猪油渣的馋瘾一旦发作起来，最起码还有一个去处，尽管稍嫌远了些。

除了炒菜，做点心馅以及做猪油渣之外，猪油似乎很少被直接食用，也就是说，并不像老外吃牛油那样，直接涂到面包上面。印象中只有德国人会用猪油来涂面包。蔡澜先生钟爱并苦心经营的"猪油捞饭"，算是能和猪油做最亲密接触的一种吃法了。我觉得猪油捞饭可能脱胎于上海菜饭。说到菜饭，不由想起三年前在上海一家饭馆里哭笑不得的点菜。我问："有菜饭吗？"答曰："有，要几碗？"问："别忙，请问是不是用猪油烧的？"答："帮帮忙，现在啥人会用猪油，放心，绝对不用猪油。"答："对勿起，那我就不要了。"

闷头吃喝完毕，出店门再回首，只见招牌上分明写着："正宗猪油菜饭"。

红烧肉

成公亮 [古琴家]

我是苏南宜兴人。宜兴人是非常讲究吃的，做菜很精细，水平可以说超过了周围几个县。宜兴人对猪肉的做法细致、精到、花样多，不同于无锡的"浓油、赤酱"，也不同于西边南京一带的风味。

上世纪四五十年代，只要你有钱就能买到肉。猪肉的定量供应和限制是一九六〇年闹饥荒时开始的。那时候，豆制品、油、盐和肉等副食品都凭票供应，此外还有布票、香烟票、肥皂票、火柴票、自行车票、手表票、缝纫机票等等票证。凡是大家生活中需要的物资，一定是供不应求的。一直到八十年代末，才停止了种种票证的使用。

宜兴人吃肉，既有切成一块一块的、肥肉瘦肉和肉皮连在一起的"红烧肉"，也有那种"酒焖肉"——它不是烧出来的，而是蒸出来的。放上酒糟、酱油、糖、盐、生姜等作料，倒上黄酒，就可以开始蒸了。"酒焖肉"和红烧肉一样，都有肥肉、瘦肉、肉皮。

"红烧肉""酒焖肉"大家都爱吃，而我家里吃的较多的还是"百叶结烧肉"。百叶（又叫千张）是豆制品，和红烧肉在一起煮，肉的鲜味、香味和猪油都被百叶结吸收了，肉不油腻，百叶结也好吃，同样多的肉，做出来的这碗荤菜量也大了很多。

还有一种吃法是"炖碎肉"，把肉皮去掉，瘦肉肥肉剁在一起，加上盐、酱油、生姜、糖，放在饭锅上蒸，其实就是一种未加青菜的肉馅。每次吃"炖碎肉"，母亲会很注意我们兄弟姊妹每个人夹取碎肉的量，因为一碗"炖碎肉"中的肉，量是不大的，全家都要吃，一个人就不能吃太多。我家在当地属于富裕人家，一个月之中，也只在初一和十五开两次荤，可想而知，清苦的人家是难得"开荤"的。

我刚来南京不久，住在"篮球场"北面的"筒子楼"——东楼。有一次，同一个教研室教古筝的的阎爱华老师熬了一大瓶香喷喷的猪油给我，这样我下面条和做菜都可以放一点。这是阎老师好心照顾我们，他知道那时我和幼小的红雨一起生活不容易，所以我至今都记得。十多岁时我去浙江长兴上中学，就像我二哥去无锡上中学时那样，都会从家里带一瓶熬好的猪油去学校。那时苏州的年糕很出名，年糕中一个很重要的品牌就是"猪油年糕"。上个世纪八十年代中期，也就是阎爱华老师送猪油给我的那个年岁，猪肉等副食品的供应还有限制，现在人们都避之不及的猪油，当时是被当作很好的营养食品。可见我们国家在经济的发展中对物质的需求，花了几十年才缓解。

　　九十年代，中国的经济大幅度发展，副食品供应开始充实了，很多票证也废除了。同时，老百姓吃得越来越好，过去听不到的"血脂高"、糖尿病越来越多。"血脂高"和糖尿病都因营养过剩而得，爱吃肉、特别是肥肉的人一下子警惕起来，不吃或是少吃它了，更没有人去把肥肉熬成猪油，当成营养丰富、滋补身子的食品。人们开始注意多吃素，少吃荤。我现在的日常饮食就是这样，再也不吃年轻时非常想吃的大块红烧肉了。

猪油香

扫舍 [策展人]

　　去年夏天在贵州松桃县，被当地朋友带着去了家农家乐餐厅。那次我们一行人大都是做和文化艺术有关的营生的，有成都的作家洁尘，诗人何小竹，上海的艺术家杨冬白、袁侃等。朋友之前也是个诗人和艺术家，大家凑在一起，总是在回忆曾经有过的文艺青春岁月，精神丰沛而物质贫乏的时代。

　　我忘了是谁先提起回锅肉的，总之一群被记忆中的肉香煽动起来的人跟着去了据他说回锅肉无比美味的农家餐厅。

黄昏的农家小院，八月夏日的酷暑开始退了，坐在院子里，几条狗围着矮木桌打转。除了几样乡土素菜，主打菜就是回锅肉了。肉是用闪亮的钢筋盆端上来，热腾腾的，也就是家常的做法，盆里汪着一滩油，香气扑面。

　　在低油健康和保持身材的压力下，我有多少年没吃过米饭了？那天，我无法控制地吃了好几碗饭，关键是用回锅肉的油汤浇在白饭上拌饭。一种久违的童年的味觉记忆被唤醒，乡村土养猪的肉香，还有猪油的香。

　　阴郁的成都，童年的回忆中总是这样的天气，和母亲一起去家附近的红旗商场。母亲小心地拿着一家人的食品配额，和我分别排长长的队。隔着前面无数的人头，我和母亲一起望着柜台前那几扇挂起来的猪肉，我紧紧地盯着最肥的那一块，有一种快乐的感觉。如果运气好，如果前面的人没有买走那一块，那么我知道母亲会切下白花花的肥肉熬猪油。我们很少买瘦肉，母亲总说，那太不划算了，瘦肉一顿就吃掉了，肥肉熬的油，可以吃上半个月呢。

　　白色的油块在铁锅里嗞嗞作响，弥漫着浓香，熬出来的油汁放在小碗里，冷却后成为白色的猪油。滤出来的油渣，趁着热放些白糖拌着，几乎是我的最奢侈的零食。一家人的荤食，就是那一碗猪油，吃面的时候放点，吃饭的时候和酱油一起拌饭。我因此而记住了那真实的肥肉的香，油的香。

　　当下的现代生活的健康饮食新概念里，糖被人工的糖粉替代，害怕饱和脂肪酸和胆固醇，肥肉和猪油几乎被高尚生活所鄙视。连我自己也只是在这一特殊的地方和时刻，高原小城的一个农家院子里，想起了那些肥肉，曾经是我的童年舌尖上的全部幸福。

绘画 李津

大席

赵允芳 [编辑]

一直很想带儿子去乡下吃一次大席。

吃大席，是乡村生活的一件大事。婚丧嫁娶、孩子满月等等，主家那都是要摆上十几乃至几十桌酒席的。城里人吃饭简单，选一家酒店就是了，丰俭皆可，还省去了前前后后的许多程式和麻烦。可这一省，却也省掉了乐趣，省掉了隆重，无论喜庆还是悲哀，都变得寡淡稀薄了许多。

乡下的大席，简约却不简单，保留了许多仪式感很强的东西，而当时的嘈杂和酒气，也会被岁月日渐糟制成一缕氤氲温暖的气息，萦绕在人的心头，几十年醉人不已。

大席，本身便是一种极为大气、豪爽的称谓。因为事关生死，或者类如嫁娶这等人生的大事，人们便要以大席的形式，格外尽兴地表达和宣泄这情绪。迎来送往的，有新生的喜悦，有对逝者的哀思。生，自然是值得庆贺的，无论如何要请众乡亲们吃一顿；而死亡，是结束，在乡下，逝者为大，那么他生前的种种恩怨、善恶，便都趁这一桌桌酒席，得以盖棺定论。生与死，在大席的桌与桌之间演变交替，在觥筹交错中无限轮回。

大席一般就设在自家当院里。院子大些的还好，院子窄巴狭小的，就只得见缝插针了。屋里屋外，篱笆树下，乃至于臭烘烘闹嚷嚷的猪圈鸡窝旁，都挤挤挨挨地摆放了借来的八仙桌和条凳。爱惹是生非的小孩子常常被安排在最不重要的位置，去坐最挨近猪呀羊呀的那一桌。对于这种安排，猪们是不满的，尾巴打起卷儿，皱着眉头气哼哼满地转，母鸡也扑棱着翅膀，尖叫不休地抗议。以它们的经验，至少大席这一整天它们都是无法安宁的了，它们个个忧心忡忡，担心着意外的侵袭。孩子们却不讲究环境的臭香，吃大席的快乐和兴奋足以抵过一切。因此，这一桌是大席之中最不安宁的一个场域，常惹得负责掌控大局的大人一阵呵斥，威胁着，要把小捣蛋鬼们集体赶下桌，去"喝西北风"。

开席之前，有经验的人就已经早早把筷子举在手里了。要是你有意要表示自己的含蓄、修养，非要等到菜碗端上桌再取筷子，那你就只有喝残汤的份儿啦。大席之上，对时机的把握，真可叫时不我待，有些惊心动魄，因为你差之毫厘，就要失之千里。先上桌的凉拌粉皮、萝卜之类冷盘很快被横扫一空，再后便是用萝卜、藕制成的丸子酥菜，炖豆腐等，越到后面越有分量。大家伙儿眼巴巴，最后终于盼到大碗的肉上桌。这碗肉菜，实则是用厚厚的一层面粉包裹油炸后的肥肉片，几乎没有什么瘦的。那些经过改装处理后的肉片，香气扑鼻地卧在酸咸可口的热汤之中，足有拃把长，半公分厚，看上去金黄诱人，是桌上的众矢之的，也是大家此番赴席大快朵颐的重心所在。幸运的，老天，竟能吃到两片！但那必须要有一筷子夹俩的熟练技巧，以及左冲右突躲过众人筷子围追堵截的高超本领，当然，还要有不怕人嘲讽笑骂的一张厚脸皮——反正肉已经下肚了，那连一筷子都没吃着的，还不兴人家骂两句解解恨吗！骂就骂吧。

　　小时候，我最馋也还是不敢尝试那席上肥肉的，对一口能吞下两大块的人，一直充满了莫名的敬畏之心，觉得那真是一种非凡的福气。我至今只爱大席的最后一道羹汤，满眼的碧绿、金黄，最能勾起我的胃口，香、菠二菜和鸡蛋花调配得清爽宜人。大肉是大席的高潮，而羹汤便是闭幕式。喝过羹汤，就意味着你可以抹嘴离席了。有人临走，不忘把汤匙顺手放进口袋。

去年国庆，表妹结婚，恰好是一次回乡下吃席的机会。

我兴致勃勃征询儿子的意见：

宝贝，我带你去乡下吃大席吧。

大席？大席都有什么好吃的？

嗯，现在，应该也是有鱼有肉，很丰盛的。只是不知道还有没有大肉。

大肉？

是啊，大肉，就是肥肉！过去我可不敢吃，现在倒想尝一尝。

啊？肥肉！那——那就算了，我不去！那有什么好吃的，还不如去吃顿肯德基。

真不去？

真不去。

那，好吧。

后来听说，表妹办的大席，还是有大肉的，只不过瘦肉已占了大半，但还是全剩下了，最后搁馊了倒掉。据说，不管有没有人吃，都还是得上这道菜，图个日子的喜庆肥美！

形骸可放纵，肉食不却减

壁画中的汉末到魏晋时期猪饲、屠宰与烹饪

左骏 [考古专家]

牧猪图

从厕饲到牧养

猪肉的美味推动了猪的人工饲养，继而派生出各类烹饪方式，在中国出现得早之又早。不过直到汉代，厕所和猪圈是不能分开的一个名词，这给历史学家和考古学家制造了长达千年的困惑。从事医学卫生的专家们依据考古发掘的汉代陶质明器（指专门制作用于陪葬的模型）——陶厕猪圈，曾严肃地指出：汉代已经注意到秽物与生活区的分离，推而广到东汉"农业肥田"技术已经很先进。他们虽然巧妙地转移

了关键的话题，但从这类微缩景观中，往往能见到沿梯而上阁楼式的厕间，厕坑以杆栏式结构立于下部猪圈内侧。所以也有学者"一针见血"地提出，厕所和猪圈当然是一起的整体，用秽物养猪也是顺理成章。东汉晚期曹操之父曹嵩被陶谦乱兵杀于徐州地区屋后的厕间，想必应是这类"环保"猪圈。

魏晋之时中国的饲猪开始发生转变，原因似乎是汉末瘟疫肆虐使得人们提高了对卫生的关注。中原与南方的考古品中开始大量出现具有单独食槽的猪圈笼，西北部的河西地区则最先采用牧养的方式，这可能与其地理位置及吸取临近羌族人游牧的经验有关。

甘肃酒泉嘉峪关魏晋时期第五号墓葬的彩绘砖画中，便有一幅牧猪图。该图中表现的是人们居住的坞堡（一种具有防御性质的居住点）外，一位牧者手持牧鞭，一头黑毛猪正在林中悠闲乖巧地四处觅食。除了描绘猪的自行觅食外，也有彩砖亦绘出添加辅食的食钵，这也是饲养技巧进步的反映。

从这些壁画观察，当时河西地区的人已经意识到饲猪过程中会造成很多的人畜交叉感染，为了避免瘟疫和最基本肉食来源的损失，将饲猪与人的居所分开了。人猪生活的分离应该是魏晋时期畜业最大的改变之一。

宰猪图（笔者据画像石拓片摹绘）

屠宰

到了出栏的时候，成猪就要被屠宰。与饲猪一样，屠宰显然是一门专业性极强的技术行业。在距今六千年前的江苏龙虬庄遗址中，细心的考古工作者经过对遗弃家猪头骨的揣摩后，终于发现先以棍棒敲击猪上颚，待其失去伤人的能力时，再进行下一步的屠宰方式。

让人惊奇的是，在山东诸城前凉台墓葬的画像石上，表现东汉晚期激烈屠宰的场面中依旧沿袭了千年前的宰牲技法。图中共有三人，左下有一稍显健壮者，双手前后持绳索，绳索另一端捆绑着一头硕大成年长毛猪。猪首端站立一人，手持长棍，双手举起，对准猪鼻上颚准备猛击；右下角持立一人，手持利刃，亟待不久之后的放血与开膛。

　　相较中原地区，汉末魏晋时，西北河西的大量彩绘画像砖上，则表现出内容更加丰富的场面描绘。以嘉峪关五号墓的宰猪画砖为例：一头体型中等的白色短毛猪被置于倾斜的厚木台案上，屠者站立在尾部，一脚稳踏台案，左手抚按猪尾，右手举起一棒状物，身后一盆盛满猪血。该

宰猪图

图往往被解读为活猪屠宰的场面，殊不知：一是生猪屠宰时定需要捆绑，二是画面左端陶盆中早已盛满的猪血从何而来？由此可推之，类似的画面应是对生猪宰杀后"深加工"的真实写照。

屠者手中的持物则更会引起我们的好奇，在它被基本否定为刀具之后，又是关乎何种功能的器具呢？在另一块彩绘砖上，给了我们近乎合理的答案。这位屠者动作似乎是五号墓宰猪图的延续，他立于被宰杀硕大长毛猪身后，

宰猪图

宰猪图

右手扶住猪背，左手正用一根棒状物捅入猪身后部。

　　对猪的屠宰过程中，往往需要经过吹气的步骤，是为了便于下一步的烫皮褪毛。但似乎如上述图中那样重口味的吹气方式，并不是常态。已被增压吹满气体的猪儿，鼓鼓囊囊的，四仰八叉的再也不能半匍在案板上，只好翻将过来，褪毛、开膛，再进而如庖丁解牛般步步进行。此时屠者手中所持，也并非先前所见直长的棒状物，而是改为略带弧刃状的类似剃头刀的单刃工具。

烹饪

进入庖厨，是猪肉将要面临的最后考验了。但在被制成香喷喷的食物前，它们还有更重要的一关，那便是对不同猪肉的分拣。

古人对猪的认知区分得很详细，如豚表示肥美的小猪、豕是大猪、彘是指野猪等等，而在魏晋彩绘砖上所见白色短毛、黑色长毛和棕色长毛，均是表现不同猪的品种。

古人说"君子不食溷腴"，其中的"溷腴"便是圈养的猪肉。一则，魏晋之前的圈养，大都出于厕饲，君子不能吃依靠秽物转换的肉食；二者，牧养的猪吃草，干净不用说，每天奔走于林间草地，身体健硕，肉质自然也会更鲜美。这就如同当下人们更乐意选择走地草鸡，不愿吃笼养的洋鸡一样。

不用担心这些新鲜的肉块会腐败变质，因为早在商周时期，中国人已经形成一套系统的保鲜办法：如抹上盐腌制、放置灶头熏制，均可保存长久。嘉峪关魏晋彩绘砖上所绘厨房里的置备，即有按大块大块条状的悬置于铁钩上，场景蔚为壮观。画面中往往还有专心作业的厨师，他们或是匐于案俎，将猪肉有条不紊地分解成便易食用烹饪的小块；或是恭于灶前，精细地调制诱人的鼎镬肉糜；更有将猪肉

185

烹饪图

串在铁叉上烧烤，这显然是受到西部羌人习俗的浸染。

如今通过考古发现得知，在汉末到魏晋时期中国西部的偏远地区，民众对于猪的饲养、屠宰和烹饪有了成熟、系统的操作模式。在这些有关猪的彩绘砖附近，常常会发现绘制着攻战、营垒这些带有极强军事色彩的内容，也能见到描绘墓主人持麈尾（一种毛扇）清谈、抚琴奏阮之类的雅致生活画面。

总归一句话：打仗归打仗，口福标准不能降低；清高归清高，肉还要照吃不误！

肉感的红烧肉

石光华 [作家]

　　用猪肉做菜，什么菜最好吃？四川人会说是回锅肉。若要问全国人民，绝大多数人一定会异口同声：红烧肉。中国人吃红烧肉究竟有多少年，闲来无事的人可以考考。它在中国人堆里出大名，倒也因为一个四川人，那就是苏东坡。大名鼎鼎的东坡肉，其实就是红烧肉。想当年，东坡先生贬至黄州，写下《食猪肉》诗，为红烧肉定下千年美名："黄州好猪肉，价贱如粪土。富者不肯吃，贫者不解煮。慢着火，少着水，火候足时它自美。每日一起来打一碗，饱得自家君莫管。"从这首诗里，我们可以想见东坡在世的北宋，天下富足得无耻。六畜之首的猪肉，而且是好猪肉，竟然沦落如粪土。有钱人不屑一吃，所谓穷人，我想也就是没有富得流油的人，愿意吃，却不懂怎么做才好吃，于是也不吃。这是中国吗？中国有过这样的时候吗？只要是好猪肉，有什么解不解煮的问题？那时的猪肉，放在今天，只需要清水煮熟，就香得腻人，就是当今富豪们抢着一掷千金的人间至美珍馐。可见那时中国人的嘴刁，还要麻烦深谙饮食之道的东坡先生亲自教大家怎么做，才能够吃吃。

"慢着火，少着水，火候足时它自美。"十三个字，说透了烧肉的天机。从人类开始吃熟食起，烹饪的根本就是火与水的故事。最早，祖先们打到肉食，应该是直接在火上烤炙。后来有了陶器，陶中盛水，肉放进去，再在火上炖煮煨烧，水的多少，火的大小，时间的长短，烹饪便有了讲究。懂得这些讲究的，就是厨师。我不是厨师，不过，我做红烧肉，多少也有些讲究，毕竟我也写点诗，马虎算是大诗人东坡先生的后学，自然不敢违背了先生的食训。

五花肉是做红烧肉的正宗。当然，你要坐墩肉或者槽头肉红烧，也没人敢声讨。用五花肉，是因为它肥瘦相间，做出采，恰到了红烧肉肥不腻口、瘦不紧牙的好处。五花肉要三肥二瘦或者二肥三瘦的那种，而且要墩厚紧实。松泡的，虚薄的，万万不行。做什么菜，首先都是摘洗。做肉，自然没有摘的问题，但是一定要洗，而且要很讲究地洗。

很多人以为，洗菜是最简单的事，用水洗干净，谁不会？洗干净肯定是必须的。不同的食材，怎么洗才能真正干净，却有了不同。更何况，有些食材，洗干净还不是唯一标准，例如许多蔬菜，洗的时候，不伤菜，不坏味，也是为厨者要上心的。洗五花肉，先要用刀口将肉皮反复刮洗。然后将肉皮在火上炙烤，烤到肉皮焦黄，再用刀口下劲，把焦黄的一层刮洗干净。之所以炙烤，一是为了能够把肉皮内的毛根彻底刮掉，去尽毛腥；二是炙烤会使肉皮初步胶化，烧出来更加糯口；三是通过炙烤，能让肥肉里的部分油脂溢出，算是做红烧肉的第一次解腻。

这样洗净的五花肉，放在案板上切成两厘米见方。我们不是卖钱图好看的餐厅，边角有些参差，也可以将就。做红烧肉，什么地方都不能将就，就这里可以。处处尽心中，有一些随意，才有人世的、家里的味道。切好的肉，先要汆水。水中放厚姜片、大葱葱白、花椒，烧开后，再放些料酒。做菜放料酒，最讲先后、时间、火候。但有一个天注定，就是不能冷水放。冷水放酒，不香，有酒臭。水烧出姜葱的香味，肉方下去略煮两分钟，除去血沫，断其腥臊，千万不要久煮。捞起后，一定要晾干水。不然，下锅入油，就会油水爆溅，搞得锅灶狼狈，还达不到过油的效果。

起锅吧。中火，锅热后，倒入黄菜籽油，油烟散开时，放入厚姜片、大葱段，炼出香味，拣去姜葱。然后把肉方皮下肉上排列在锅底，让熟油温炸肉皮。炸的时候，要慢慢旋转炒锅，让每一块肉方都能均匀地浸炸。很多人做红烧肉没有这个过程，做出来就总是不够香糯，总是还有些油腻。浸炸过的肉方皮更胶化，炸的过程中，肉的油脂也会再次溢出。这算是做红烧肉的第二次解腻。待肉皮炸得显出金黄，把肉方炒开，在油中煎炸肉块，让肥肉进一步煎出油脂，瘦肉初步收紧。肉已六成熟时，就可将肉出油。锅中的油一定会太多，要倒出一半，留作他用。剩下的油晾到温热，放入碎烂的冰糖。喜欢吃甜的，多放些；腻甜的，少放些。半斤肉方，25 克算是中庸。一定用小火，慢慢将糖炒化，糖浆炒至棕红。专业的术语叫炒糖色。有些人做红烧肉，全靠酱油起色，为了甜味，也是加水后放糖。这样做，看起来，吃起来，也像红烧肉。可惜一个"像"字，便让红烧肉的风情逊了许多。以糖色相施，做出来的肉方，红中透亮，色才诱人。炒过的冰糖，不只是甜，还有了糖香。炒糖色最讲火候，炒不到时候，糖色不红；炒过了，糖便焦煳。拿不稳火候的，糖色宁嫩勿老。色嫩，只是成菜颜色淡些；老了，就坏了肉味。两害相权取其轻，毕竟我们大多不靠做菜找伙食。

糖色炒好，已经皮黄肉熟的肉方下锅，匀净翻炒，裹匀糖色。再放入两三片老姜，几个大料，倒入老抽——我们不是开酱园铺的，所以不要太多。红烧肉是咸鲜带甜，咸味不能重。所谓一咸压百味，一酸坏百味，一苦毁百味，说的就是这个道理。接着加入一两勺料酒，中火翻炒，满锅浓香。不用料酒，用醪糟酒更好，因为更醇和。再加进开水吧。当然，如果你有鲜汤，你就更像厨师。水可以多放些，煨烧的时间长一些，肉更软糯。大火烧滚，改为中小火——比小火大，比中火小，盖上锅盖，我们就可以到旁边吃烟喝茶了。你不吃烟喝茶，发呆打盹也行。只是别忘了，锅中烧着肉。还剩三成水时，你就必须再次站在锅前了。你要把锅里的姜片、大料捡拾干净。如果你需要红烧肉中加以俏头，那么，在你吃烟喝茶发呆打盹中间，还需要打理要加的菜物。有人喜欢胡萝卜，可以。胡萝卜味甜，与肉味不冲。洗净后，滚刀切成菱块，锅中水剩三成就要放入。放时，略加些精盐，让胡萝卜有味。我要么不加俏头，打牙祭，吃尽肉；要么加发好的干菌，如小香菇，如牛肝菌。菌子烧出来，鲜香爽口，而且，菌子的香味能使肉更鲜美。当然，如果加菌子，菌子洗干净后，将泡发的水烧开了，就用它煨烧肉方，烧出来，香浓郁、鲜无比、色更红。

加入俏头，加盖中火煨烧十分钟。水只剩下一成时，开盖，改为小火，轻轻翻炒，慢慢收汁。锅中汁水越来越浓稠，直到汁水浓成薄酱，完全黏附肉方，火开大几秒钟，让大热冲香，迅速关火，肉方起锅装碗或者装盆。冬天时节，碗盆须得烫热，不能肉入碗盆中，就降了热乎。红烧肉一定要热吃，千辛万苦烧出来的大好香肉，不要最后被冷意一惊，散了妩媚和温柔。

这样的红烧肉摆在面前，肉身微颤，嫩而不烂；肉色酱红晶莹；肉香、甜香、酱香似乎浓得化不开，又似乎四溢而出。面对它，我们不是垂涎，我们是心慌，是大面积的冲动。最先，我用的是诱惑两个字，觉得不够味，后来改为性感。红烧肉给我的感觉，就是性感。但是，画家孟周说，肉感。为此，我大喝了一杯。为了孟周，为了红烧肉的肉感，肉感的红烧肉。

情深不瘦，每头猪都好感人

地主陆 [作家]

西班牙的黑毛猪肯定没想到，自己会被做成火腿运到中国去；我在吃西班牙火腿的时候，也没想过有一天自己会来到这些猪的故乡。

当我来到安达卢西亚的阿拉塞纳地区，车行至一个铁门处停下，我还以为到了农庄主人的家。其实这片低矮的简易围墙内，就是猪们的王国。

我事先看过一些资料，知道西班牙伊比利亚黑毛猪的生活环境非常好，不光好过其他地区的猪，甚至好过大部分地区的人。看着眼前如同画一样的田园风光，还是很震惊的。

黑毛猪被放养在这片田园中，按照西班牙的国家标准，每头黑毛猪的放养面积是 1 公顷，你没看错，每头猪的生活占地面积是 1 公顷，也就是 1 万平方米，远远超过我们人类。当然并不是每一头猪独自居住在 1 公顷土地内，眼前的这片田园生活着上百头猪，它们共享着这块巨大的土地。我们到访的这个农庄是按照每头猪两公顷的活动面积来放养的，生活空间更广阔。

我们随着主人走进黑毛猪的领地，显然这些猪并不怕人，也没有攻击性，它们带着好奇、又有一些羞怯地慢慢向我们靠拢，并且一直耸动着鼻子，在辨别我们人类的气味。我们离猪非常近，却没闻到臭味，不知是因为它们常饮山泉水还是常洗澡的原因。

长期生活在山区的人会更好客，难得遇见人类的猪群也是，甚至有些兴奋，它们认识主人，看到主人带来了远方的客人，一个个哼哼唧唧地凑过来。主人说，它们是第一次见到中国人，看起来它们非常欢迎我们。俗话说得好：面带猪相，心头嘹亮。看来西班牙的猪也知道这句中国话。

同行的小伙伴伸手想摸摸猪背，那头小猪没料到人会触摸它，尖叫了一声跳了起来，这是我第一次见到猪居然能原地起跳，就像一个受到了惊吓的胖孩子，不过跳得确实不太高，只是刚刚离地。猪群受它的影响，都四散开去，进行它们此生最热爱的事情：吃橡果。

这片田园里种植着茂盛的橡树，成熟的橡果落在地上，猪们就会去吃。橡果外壳坚硬，但猪们像嗑瓜子一样会把外壳咬开，吃里面的果肉。这是黑毛猪最主要的食物来源，它们也吃草，甚至还会吃花。这些"花痴"猪，难怪长得俊俏、肉质鲜美。

它们每天的生活就是在林间散步、在树下吃橡果。这里的环境评个5A级景区毫无问题，西班牙最出名的5J火腿就是用这里的黑毛猪制作而成，猪均活动空间比国标大一倍是有道理的，对肉质有直接的影响。

我们好奇，农庄如何保证纯以橡果饲养，而不会为了快速增重而添加饲料。农场主听了这个问题非常吃惊：谁会不想要高品质？只有纯橡果饲养才能产出好猪，只有高品质的猪才能卖个好价钱，这两年每头黑毛猪的收购价在五百欧元左右，商家就是用高价来吸引农户严格按照标准饲养。收购黑毛猪的厂家会进行严格的检测，除了基本的健康指标，还包括脂肪含量和分布。每只猪的耳朵上都有代表血统和饲养时间的信息耳环，便于识别和管理。

雨后的农庄被阳光照耀着，猪们三五成群趴在橡树底下休息，有两头猪一胖一瘦，紧紧依偎在一起，眼睛都闭着，所谓幸福的模样就是这样的吧。眼前的场景让我想起一个忧伤的爱情故事：

两头小猪相爱了，从它们在橡树林里第一次相遇就相爱了，没有一点点防备，也没有一丝顾虑，就这样出现在彼此的世界里，情不自已。猪的世界很直接，它们迅速地在美丽的"5A级景区"过上了幸福的生活，每天在一起就做三件事：吃橡果、睡觉，以及睡觉……幸福得简直像猪一样！

但没多久公猪就变了心，他开始嫌弃母猪胖，他说："你这个身材简直像头母猪，谁会喜欢？谁会对你有兴趣？"他不光对母猪态度恶劣，还强迫她减肥，不给她吃饱，逼着她在橡树林里跑圈，每天看她的微信运动，不超过两万步不准停。母猪饿着肚子，还要早晚两次快走、中午一场森林瑜伽，更饱受精神上的折磨，渐渐地就真的瘦了。母猪心灰意冷，觉得瘦有什么意思，她宁可胖胖地被爱着，也不要这样瘦着受折磨。

有一天来了一辆大卡车，采购员拖走了公猪，没要瘦弱的母猪。卡车开动时，公猪冲着母猪大喊："我爱你，无论你胖还是瘦，我都爱你！你要活下去，你要好好地活下去！"母猪这才明白了公猪的爱，泪流满面，抬头对着卡车哭喊："你太傻了，你这头笨猪！"

哎，好感人。公猪饱含深情把自己搞得那么胖，证明了那句话：情深不瘦。就是说，越重感情的人，就越不容易瘦……你说你们瘦子们是不是有点惭愧了？

现在才明白，每份被端上餐桌的猪肉曾经都那么痴情，难怪吃了之后会感动。

绘画 李津

油然而生的幸福

陈晓卿 [导演]

　　闫涛是南方报业的食评记者，知道他是因为《饭醉分子》那本书。有微博后，更是经常见这位老饕发一些顶级厨师的烹饪作品。此外，他还是个威士忌爱好者，据说他的书房摆着不同国家的单一麦芽威士忌。"晚上赶稿的时候随便站起来倒一杯，一路喝过去，立刻有游历世界的感觉"，说起这个节省飞机票的旅游项目，闫老师总是洋洋得意。

　　正巧出差广州，当然希望见到这位"大佬"。不过对于和闫老师吃饭，我还有些迟疑，因为他推介的似乎永远是那些食不厌精、脍不厌细的高端料理，这种菜最大的特点有二：一是形状好，很像在办公室 PPt 朗诵会上经常看见的饼状图或者柱状图。二是体积小，就是不经吃，我这种粗人显然不合适。而且从照片看，他吃饭的地方都富丽堂皇，这种地方我一进去就不由自主地紧张，几乎能诱发幽闭恐惧症。另外，这之前，另一位广州朋友刚请我吃过一顿附赠风景的夜宵，珠江边，姹紫嫣红的。我估计跟闫老师吃饭肯定也是这种吃风景吃刀叉的地方。

没想到，我"扫街嘴"的名声在外，闫老师早挑了一个高楼大厦中间几乎看不见门脸儿的小馆子——东兴饭店，这家吃的是五邑菜，具体说是恩平的农家菜。刚进门就看到了一大煲黄鳝饭。我只顾掀开锅盖，甚至忘记了和在座各位老师打招呼。"知道你是苦出身，想来想去还是选了这里。嗯，应该是广州最好的土菜了。"闫老师抱着膀子如数家珍，"这个紫苏炒山坑螺，特别干净，肉是甜的；像肉皮冻的是恩平牛角皮，要蘸着调料；白灼凉瓜皮，产地在新会的杜阮，肉厚；这个箣菜鲫鱼汤，野生箣菜北方没有，解百毒，但要小心扎嘴……"

按照他的指引，我们小心翼翼地品尝。不过我最喜欢的一道，是这家店的招牌菜——五邑花肉王，闫涛管它叫"烧花腩"——味道之好，完全超过了我的想象。它是选用上好的土猪五花肉，先用糖和酱油水腌制一周，并不风干，所以成品既有腊肉味道，口感又不是那么柴。从前吃过这种肉，是放在米饭上直接蒸，香味直入米饭，猪肉蘸虾抽食用。这次是红烧，经过腌制的花腩早已入味，一口咬去，瘦肉鲜香，猪皮韧糯，而肥肉部分更是兼有红烧肉的甘香和腊肉的醇厚。回味半天，这是特有的动物香味，我眼前甚至出现了第一次尝试用白糖拌油渣的情景，那是我童年时代的美食体验极限。

我这一代人，天生对猪油有着好感。当年植物油是凭票供应的，根本不能满足一家人的日常需求，所以，每过一段时间，父母就会炼猪油。白花花的生猪油（板油）在锅底慢慢熔化，溢出清亮的油汁，板油块也慢慢变得焦黄，漂浮在油液中轻轻游动……这时候，把它捞出，拌上白糖，虽然有些烫，但美味无比。

当然，后来到了北京，总听城里人引经据典地说，植物油更"健康"，经常吃猪油容易得好多病，应该被摒弃，甚至可以上升到政治不正确的高度来认识。这种科学到牙齿的说法，我慢慢地接受了。但同时我又知道猪油有很多好伙伴，比如粉条、萝卜、大白菜、白米饭……这些东西一旦和猪油结合，便会产生羽化成蝶的质变。因此自己炒菜、做汤，我总会忍不住放一点猪油，哪怕煮一碗方便面，舀一小勺猪油进去，味道都会香许多。蔡澜先生说得更形象："好有动物性！"为美味牺牲的这点健康，很值。就像烧花腩这个菜，我一个人就承包了将近一半，更难得的是，享用它不是在乡野小铺，而是在高度现代化的城市里，我对广州的好感不得不又增加几分。

广州确实是美食之都。此前的一天，闫涛的同事陈朝华请消夜，大名鼎鼎的福合埕牛肉丸火锅。时间已经是后半夜，店里居然还有很多客人。吃了著名的牛丸和牛腱之后，朝华兄问我："敢不敢涮牛油？"我连声称好，尽管我此前从来没有吃过火锅涮的牛油，但凭常识我觉得没问题。因为四川火锅里，我永远是牛油火锅的拥趸。涮羊肉的时候，我也喜欢尝试几片羊尾。这次换成潮汕火锅，应该问题不大。果然，浅黄色的牛油贴着盘子底上来，颜色有些像土豆片。夹一片在锅子里涮，固体状的牛油慢慢变得温软，旋即又变得清亮起来，再夹起时，竟然晶莹得像一串水珠，入口即化，美极了。此时涮两根西洋菜，口感极其奇妙！那种香味让我回味了将近一个月——丝毫不夸张。

回到北京这一个月，因为工作忙碌，完全与美食绝缘。最心疼自己时，只能拿出相机，看在广州拍摄的那些照片，兀自垂涎，靠记忆支撑生活。那天正看涮牛油的照片，同事问我这是什么，我得意地卖着关子说，这个，是一种"油然而生的幸福"。

炙

爱并恐惧着，馋并别扭着。

父亲从我做的红烧肉中，似乎得到了为父之尊，这是一种体面，一种荣耀，隐含着中国人的奉养之道。

人生就是五花肉，我们是掌勺的。在不停地翻炒间，形成自己的味道，而那些细腻的嫩膘儿，成全了我们的食欲。

肥肉

余斌 [学者]

"美言不信,信言不美。"这话不知是否可以移到吃上面,说好吃的东西不营养,有营养的东西不好吃。我想至少有些是这样,比如肥肉。好吃不好吃,因人而异,不喜肥肉的人不在少数,好这一口的却也大有人在。我是肥肉坚定的拥趸,这里且照这路人的口味,擅将肥肉定义为美味。

食肥肉之有害健康,似乎早有定论,血脂高、血压高、脂肪肝之类,肥肉常脱不了干系。对讲究保持身材的女士而言,肥肉就更须敬而远之。按照吃什么补什么的说法,吃肥肉的结果必是长出一身横肉,横肉者,当然长的不是地方,有语义双关的广告云:做女人"挺"好,吃肥肉,长肉就肯定不会往那儿长。不仅此也,吃肥肉还会影响到人的整体形象。吃肉与吃鱼吃蔬菜相比,已是显得俗了,吃肥肉自然更是俗到了家。这是我从有些女士脸上的表情里读出来的。有次在一比较体面的地方吃席,上的菜自然都是清淡精致一路,到中间异峰突起,有一钵子东坡肉端上来,不由大喜过望,急切之下,动作就有些突兀,刚转到面前筷子就直指一块肥肉。座旁一位女士在众声喧哗时一直没怎么开口，斯斯文文在剥虾吃，此时忽地停了手，杏眼圆睁道："你吃肥肉啊？！"——就像我吃的是孙二娘店里的人肉包子，眼里除了惊恐就是鄙夷。那块肉夹在筷子之间，距盘子仅一线之遥，好比小偷"第三只手"已伸入人家的口袋，属人赃俱获性质，由不得你赖账。

　　所以，为健康计，为形象计，肉，少吃为妙，肥肉，不吃才好。但是肥肉香啊！在吃上，鲜、香都是好的形容，以肉而论，鲜从瘦肉来，香从肥肉来。我武断地认为，若无肥肉，所谓"肉香扑鼻"就不能成立。闻起来受用，吃起来也可口。好多人买精肉喜欢买前腿肉，说是前腿肉"活"，后腿肉"死"，实因前腿肉还是带了点肥。当然我说的是皮下脂肪，真正的肥肉。都说扬州狮子头嫩，从汤里捞出来颤巍巍的，一碰就散，实因里面有一定比例的肥肉丁。嫩与肥，常是联在一起的，所以有"肥嫩"一词。过去有些餐馆里做清蒸鲥鱼，会在上面放一些肥肉丁，鲥鱼原本就肥，又有蒸出来已是半透明的肉丁在上面，看着可喜，吃起来更是鲜香异常。这里都是有肥肉了，却毕竟还是为辅。大片或切块带皮的肉，才真正能带来吃肥肉的快感。较之瘦肉，皮和肥肉都软，然皮是软而粘糯带着韧，与肥肉在一处，吃在嘴里有一种参差的对比。过去有一种浓油赤酱的扣肉，皮似乎特厚，一方一方，每块一寸见方，肥肉为主，有人说看着就饱了，我看了则总有肥满的惊喜。现在常见到的则是五花肉切大片上笼蒸的梅菜扣肉，看着油汪汪，其实并不油腻。出现频率最高的，当推红烧肉，烧得烂，入口即化，固然好吃，不甚烂，咬起来有冒油的感觉，一样诱人。若是吃腌制的咸肉，肥肉更是必不可少。风干过后，瘦的部分既硬且咸，只好烧汤。若是切薄片蒸了吃，肥肉油润得透明，有一种特有的质感，咬一口嗞嗞冒油，一盘当前，最宜采取的做法是，挑肥而绝不拣瘦。

但是俱往矣！以健康的名义，肥肉的恶名已然牢牢锁定。恶名之来，端在大家吃饱吃撑了之后。若是三月不知肉味，哪里还管得了什么肥瘦？

六十年代初，天灾人祸，不要说肉，饭也没吃的了，有段时间根本见不到肉的影子。据说我们系里一位老先生，某次聚餐时对桌上一碗肉叹道："久违了！久违了！"一桌人抚掌而笑。有学问的人，三月不知肉味之后骤然相见，也还是出语含蓄，半大孩子就没这份修养。尚记初中学农，住在乡下，饭食清汤寡水，偶尔吃肉，至少是男生，围着菜盆，一个个虎视眈眈，像见了腥的猫，呈饿虎扑食之势。

通常所谓吃肉，也就是菜里象征性地有些肉丝肉片，倘哪一天传出要吃红烧肉了，必是奔走相告。

能够吃上红烧肉，还是拜当时食品卫生管理松懈所赐：肉联厂里有些肉稍稍变味了，以当时的标准，不能叫"坏"，肉类供应正紧张，扔掉太浪费，于是高温消毒，低价卖给一些单位食堂。这样的肉有一专名，叫作"高温肉"。没有高温肉，就没有我们碗里的红烧肉，所以有段时间，"高温肉"三字一直给我们一种亲切温暖的感觉，而且还让人兴奋。

"高温肉"做出来肯定不如好肉那么香气四溢，但也吃不出太多的异味。即便有，也无人计较。待肉盛到饭盒里，说不定还会相互比较，大体都认为别人碗里比自己的多。一是指总量，一是指肥肉所占比重。相持不下，有人会说，不信就换着吃。对自家眼力不够自信的会犯嘀咕，对人我双方的肉情重加审视，疑惑自己是否在肉的多寡问题上看走了眼。也有的干脆斩钉截铁道："换就换。"

更小的时候我们嘴里时常冒出"大肥肉"一词。比如碰到一起，一个问："今天你们家又吃肉的啵？"一个答："吃的。还是大肥肉，馋死你！""大肥肉"本义应是指一块肉上肥肉多瘦肉少，虽然没有量化标准，越接近于纯肥则越属"大肥肉"的范畴。不过在我们口中语义含混，似乎兼有肉块之大，乃至大肥肉为吃肉至高境界的意思。问时充满向往之诚，说出则可傲人，肥肉而加一"大"字，回味里有陶醉，幸福洋溢如在温柔乡。肥肉在如今大体已是贬义的了，引申义却依然是正面的，比如美国视哪里哪里为肥肉，必要得而后甘。又如形容某人差事好，会说"肥差"，"肥得流油"。

当然，即使在那时，我同学里也有对肥肉表示不屑的，而且还是男生。这位家里是蛮大的官，日子过得不错。他们家不时有山东乡下的亲戚来，有时一来一大帮，而且饭量大，弄得他们家有时粮食紧张。有次又来了三条大汉，他妈向他爸抱怨，无效，想出一招：做好多大汤团，里面就是猪油和肉，又专买许多肥膘肉，做大块肉，用他的话说，意在"把他们全打倒"！肥肉、猪油，吃多了腻人，我就有过贪吃肥肉过后犯晕的经历。白话小说里的骂人话"油蒙了心"也把犯糊涂与油水太大联系起来，所谓"打倒"也就是让他们吃伤了厌食之意。这是头天下午他对我说的，其时他妈正在家包汤团。第二天下午去他家玩，他妈正在门口客客气气送客。我想起昨天的话头，进去就问他："'打倒'了了没有？"他回道："哪儿啊！根本就不够！"现在想来，这他妈的算计根本就是错的——也不想想是什么年头！

万恶之首的肥肉

叶兆言 [作家]

　　一个人吃什么，不吃什么，有时候只是一种习惯。习惯很可能源于暗示，譬如我自小不吃肥肉，印象中父亲总对别人卖弄，说我这儿子是孔老二的忠实弟子，肉不正不食，要吃肉一定得方方正正，而且绝对不吃肥肉。

　　我觉得正是父亲一本正经的强调，在一个孩子的心灵深处产生了化学反应，强烈暗示演变成顽固习惯，就像有人天生信仰宗教，就像有人一贯反动，小时候的我认定肥肉是不可以吃的。"文化大革命"中，我们家也有过十分艰苦的日子，我在乡下待了两年多，很少有机会吃到荤腥，肚子里绝对缺少油水。过年了，外祖母家杀猪，大家抓住机遇痛痛快快吃一顿，狼吞虎咽大快朵颐，我仍然还是坚决不吃肥肉。

很难说清楚自己什么时候第一次吃肥肉，能记住的是第一次吃猪脚爪，竟然是上大学谈恋爱，未婚妻不相信我没吃过这玩意儿，一定逼着试一试，并且把它上升到爱情指数的高度。第一次吃猪头肉也是，生命诚可贵，爱情价更高，在她的威逼下，我十分勉强地吃了几口，很有些像破戒的出家人和失贞的少女。吃了也就吃了，没觉得特别好吃，当然，也不是原先设想的那样根本就不能吃。

仿佛对待资本主义的态度一样，在我们的整个青少年时代，资本二字意味着十恶不赦，意味着日薄西山和亡党亡国，真正尝试过猪脚爪和猪头肉，会突然茅塞顿开，其实不是什么大不了的事，吃也罢，不吃也罢。民以食为天，猪脚爪和猪头肉同样可以成为美味佳肴，只不过与烹饪技术大有关系，这两样东西做好和做不好，有天壤之别。

除了"文革"最糟糕的那几年，我们家的伙食一直被保姆掌控。物极必反，我从小就羡慕吃食堂，参加工作后最爽的是可以去食堂，因为这样热闹，大锅饭香。最喜欢食堂的狮子头，大家一起排队抢购，那感觉非常好。纯粹的肥肉我始终抗不住，甚至有精有肥的五花肉也不是太喜欢，非要把肉剁碎了放一起才 OK。记忆中，食堂的狮子头总是最受欢迎，稍晚一点就会没有，一想到众人排队时伸脑袋殷切张望的情景，我好像立刻又重回到当年。

话题还是回到肥肉上，这几年体检，不应该高的那些指标，都在悄悄升高，起码接近警戒线。医生一再关照，少吃肥肉或干脆不吃肥肉，说它是身体健康的"万恶之首"。这让一个不爱吃肥肉的人感到很冤枉，羊肉没吃着，反惹一身臊。这些年蹭吃混喝，常会遇到烧得非常精致的肥肉，一桌人赞不绝口，连我这不碰肥肉的都不忍放弃，为此不由感慨，活了一把年纪，肥肉滋味刚开窍，好日子却到了头。

与肥肉有关的三种诉求

费振钟 [作家]

　　据称，世界上只有三位艺术大师画过肥肉和肥肉的类似物。最近，有一位画腐肉的中国先锋画家，我不记得他的名字了，他的画面是一堆糜烂的新艳，这堆失去质地的猪肉被称为现代艺术。前次孩子由于一个笑话，画了三块以肥肉为主的红烧肉，绝对写实下的酱油与三分之二的肥肉部分映透得十分逼真。笑话改写自《西游记》中沙和尚的对话，沙和尚道："大师兄，现在二师兄的肉比师父的贵啦。"自然可见，这样的写实立即上升为反讽。我得出的结论是，肥肉在可供描述的意义上，最后都会成为一种修辞，或者一种语言诉求。

闲话休说。我个人十二岁之前，肯定吃过不少于一回的肥肉，但我完全没有记忆。因为没有留下任何记忆的理由。十二岁改变了这一状况。十二岁，在我的生涯中是个值得多种书写的年岁，其中包括吃肥肉的记录。就在我过十二岁生日的正月初九这天，一只木划船，不早不晚停靠在我们家不远的水码头。这只船是来接我们去吃喜筵的，我家一位亲戚，叫桂珍伯伯的，他儿子结婚，请我祖父台驾主持婚礼。桂珍伯伯特意用礼盒上门敦请，礼盒里就有一方封了红纸条的方方正正的膘肉。这方来自于猪颈部分的膘肉，以它的肥硕，表明了一种隆重的旧式礼节。但这块肉对我却是一种强烈的信号，当我随同祖父，登上木划船，顺着河流，去赴远处桂珍伯伯家的喜筵时，就预示着我有了吃肥肉的历史。接下来的三天，用不着任何刻意想象和夸张，就能知道我每天每席的欣喜。尤当一大碗烧得通红的肉上席，一块块肥膘似乎还在轻轻颤动之际，外面欢快炸响的鞭炮，总是让我难耐激动之色。悄悄观察同席众位大人，他们平静等待响完鞭炮后，方从容举箸，此番庄严肃静，却也不能稍减其后咀嚼吞咽的陶然。总之，我在亲戚家恣意的三天，对每块引起嘴角流油的肥肉，感想良多，而这感想越到最后，却离吃肉越远，等到离开桂珍伯伯家，竟然以为，无论怎样，人是该结婚的，至少应该举行结婚之仪，好让这天下的筵席，就是不散。但这个想法一出，无疑也诞生了我关于吃肥肉的第一个浪漫主义理念。

十八岁，我在村上小学校做民办教师。冬去春来，正是引起腹中饥荒的时候。晚上办公改学生作业，我的一个同事大声说："我们碰个头，吃一顿肉吧！"另一个接嘴，狠狠道："碰就碰，这一回要尽吃！"一种盲目的快意，当场就在我们身上蔓延。我们决定从小学办公经费中先借支一笔钱，满足这次碰头紧吃的需求。事不宜迟，第二天便派出一人，去公社食品站买肉。当时，猪肉紧张，食品站每天才杀一两头猪，供应全公社。肉不那么好买。派出的同事，声称与食品站卖肉老王熟悉，但他还是起一个大早，赶在一口计划屠宰中的猪刚刚声嘶力竭叫出最后声，人已经排队在第一位。等到砍肉时，同事指划着要了猪脖子以下到前胸最肥的部分，差不多是一头猪的四分之一，称一称三十一斤半，把老王吓了一跳，说："买这么多？"同事说："老王，家里修房子要用。"老王犹疑一下，不再问，算算钱，共二十三块六毛二分。同事扛猪肉回来，众人上去捏捏，都夸他买的好肥肉。下午五点，学校散学，就在办公室升起冬天烤火的煤炭炉，把肉切成寸把见方的块子，放盐、酱、葱、姜炖了。众人守着肉锅批改作业，到太阳快落下时，锅里肉香渐浓，大家已无心再批改作业，放下手中的红水笔，分过碗筷，闷了炉中炭火。担心肉别炖烂，揭开锅，见正到好处，便一人盛一碗，吃起来。酒当然也备了些，是那种瓜干的，喝起来上头，不过众人都埋头先挑肥肉吃，酒便随便呷两口，一时也无多言语，只见腮帮子鼓鼓地动。吃过大半个时辰，锅里的肉都不见了，还剩小半锅油汤。有谁提议干脆去买些豆腐，下在汤里面。大家都说好，就喊村子东头豆腐店蒋家送来一盆豆腐，一眨眼工夫，连肉汤全干干净净吃了。看看天时尚早，众人亦无所用心，各自坐在办公桌前，在弱弱的电灯光下略见惆怅。因为一个气馁的问题是，每人将会从本月工资中扣除五块钱。刚才的快意肥肉，立即被现实主义的精确计算取代，至少是我，想到月底工资将锐减四分之一，心情相当严峻。

我三十六岁时，对于烹饪已有若干心得，尤其做红烧猪肉，已认识到它是对待肥肉的一种最简便的处理方式。其他都复杂而不正派，比如扬州狮子头，是讲究如何把肥肉处理成为肥而不腻的，但要花许多工夫才能完成它不见肥肉的障眼法；又如做一种用面浆包在肥肉条外面炸过再烧的"咕噜肉"，简直就是阴谋与裹胁。这两种怎比得上红烧肉雍容大气！红烧肉的诀窍，第一，就是必须尽量是肥肉，没有肥肉，就不能叫红烧肉；第二，如苏东坡八百多年前发明的只是"解煮"，这一点其实就是舍得柴火和时间就可以。这一年，我父亲已病入膏肓，身体里所有的营养都被疾病吸干，他在病床上最后一些日子，想念的不是我，而是我做的红烧肉。以前每次节日回去看望他，我都要为他做一碗红烧肉，这在他的晚年似乎成了一个惯例。我们父子长期分别，原是没有多少感情交流的，也就是借助这红烧肉，使我们父子间居然其乐融融了几年。我父亲每次吃我做的红烧肉，都要对我母亲弟弟妹妹们说，这才叫红烧肉啊！他的得意，真的让我受宠若惊了。但我知道，父亲从我做的红烧肉中，似乎得到了为父之尊，这是一种体面，一种荣耀。这里面隐含着中国人的奉养之道，中国古代乡礼中，就规定要给老人吃肉，宋朝时还有一本陈直的《寿亲养老新书》，专门提供家中亲老饮食方法的。所以，我父亲在他临去之前只想念我做的红烧肉，我绝不以为怪，歉疚中只有一种温暖的悲伤。我父亲仅得中寿，他去世时，我没有能在他面前，也没有能为他做一次他想念的红烧肉。记忆父亲式的体面和荣耀，我暗中总有一种中国儒学人道主义悲天悯人的感怀。

人民需要大肥肉

何平 [学者]

　　人民需要大肥肉。曾几何时，没有大肥肉的日子能叫日子吗？

　　也许只有万恶的财主才不热爱大肥肉，所以才有财主罚长工吃红烧肉的故事。而最早说这故事的肯定是一个热爱红烧肉的正宗普罗。

　　当然我不好说是个癞蛤蟆都爱吃天鹅肉，但癞蛤蟆如我等肯定是热爱大肥肉的。我们老家的人常常说三天不吃肉"寡"得慌。但我印象中说这话的年代是没有一月半载见不着肉腥味的。可见那日子过得多"寡"多么没有肉味。我相信，你去问一百个那个年代过来的人，肯定有一百零一人告诉你宁可不听那个破韶乐也不愿意三个月不知肉味。

　　我想，只要在一九八〇年之前过日子，肯定是像想念恋人那样想念过大肥肉的。那年代五谷丰登的年画，都是一个鼓胀得快流得一地的粮囤，旁边很突兀地矗立着肉嘟嘟的肥猪，一脸丰衣足食的呆样。肯定有许多人还在怀念大肥肉滋润我们日子的那些年、那些节。猪们肯定也很怀念那可以自由地长膘长肉的幸福时光。猪们每天悠闲地消磨时间，把肥肉夸张地抻出来，越肥的猪越是好猪。

许多事情都是这样，一茬子人有一茬子人的好日子。生活多么难挨，只是因为没有肉味儿。生活美如斯，也只是因为吃了一嘴嗞嗞冒油的肥肉。现在的孩子肯定以为我乱扯淡。因为他们是见不得白肥红瘦的大肉的。这些肥肉当道的日子早已经是好时光一去不复返。

先放下过年不表，四时八节，祖宗祭日，按例总该是有肉的。在那个物质匮乏的时代，如果真的要对日子作个区分，我想大概就是有肉的日子和没肉的日子。有肉的真是幸福啊！三里地外，就开始捕捉空气中的肉味，开始双脚跟打到屁股瓣的一路狂奔。但那时候，除了过年过节，我们根本不知道大肥肉藏身何处。它像一个身藏暗器和毒物的刺客，蹑手蹑脚，在你毫不经意中将肉的味道生生地钉进我们的每一个毛孔，真个的无孔不入。

还是说说过年吧。过年了，就得肉乎乎的。肥肉复肥肉。搞到肉，搞到肥肉就是硬道理。如果你不是队长书记，你就排队去吧。从天麻麻亮开排吧。虽然屠夫从来是那年代最可爱的人，但过年还是屠户最嚣张的日子，他们可以把谱摆很大，比生产队长大，比公社书记大，因为平时你可以不吃这个鸟肉受这个鸟气，但没有肉哪叫年啊。于是你得忍声吞气看那王屠户张屠户的脸色下菜，不然他一刀下去给你一把没有膘的肉你可别喊冤枉。

　　每个生产队照例也会宰猪。只有这时候群众的眼睛是最贼亮的。肥肥瘦瘦凑成堆抓阄，这时候你才最真切地感到人民多么需要大肥肉，需要许多大肥肉啊。

　　……

　　谁说现在人民不需要大肥肉呢？人民也许已经像财主一样吃厌了大肥肉，但谁能说人民不需要大肥肉，不需要比大肥肉更大的大肥肉？

粉蒸肉

苗炜 [作家]

一九七六年十月，一个晴朗的早上，我爸爸出门买肉。到商店一看，肉案子上干干净净，卖肉师傅在案子上铺了几张大白纸，手拿毛笔，正要写标语，见到我爹，亲切地打招呼："您来了！快看看，这标语到底该怎么写？"他拿起一个小纸片递过来，上面一行字是"热烈庆祝党中央粉碎四人帮篡党夺权阴谋的伟大胜利"。爸爸看了说，就这么写啊。卖肉师傅摇头："我读这句子可有点儿别扭，什么叫篡党夺权阴谋的伟大胜利，到底是谁胜利了啊？"这卖肉师傅不会断句，他蘸了蘸墨汁："这么写没毛病吧？我可这么写了啊。"爸爸笑："没毛病，人民日报都是这么说的。"卖肉师傅的毛笔字颇有魏碑风范，一张纸也就写四五个字，一条标语用了五张纸。他将写好的标语放到旁边菜架子上，踌躇满志地端详着。爸爸赞道："您这字写得可真有劲！"卖肉师傅哈哈一笑："还没完呢，还得写小彩旗儿呢。"粮店的售货员已经熬好了糨糊，将一摞彩纸和竹签儿抱过来。彩色纸上要写"打倒江青""打倒姚文元"等字，贴到竹签儿上，制成小彩旗。晚上北京粮食及副食系统组织职工游行，庆祝党中央粉碎四人帮，这些标语彩旗都等着用呢。

卖肉师傅力透纸背，肉案子上有细微的墨迹。他把毛笔放下，从案子下面抄出菜刀，把一块肉拎上来："等会儿我再写，我先卖肉，您来多少钱的？"爸爸道："我来五毛钱的。"卖肉师傅切下一条肉，扔到秤盘子上，那秤放在肉案子的边缘，卖肉师傅瞄了一眼，探身过来拨拉了一下秤砣，又切下来一小块瘦肉，准确地扔到秤盘子里："粉碎了四人帮，大家都高兴，都吃点儿好的，您平常也就买两毛钱的肉，今天也买五毛钱的了！"爸爸笑吟吟地说："是，吃点儿好的！今晚上吃粉蒸肉！"卖肉师傅放下刀，拿两张草纸把肉一包："好嘛！粉蒸肉！"后来的历史学家说，党中央粉碎四人帮，北京市民都涌进副食店买螃蟹，并且要三公一母，吃螃蟹下酒。这显然是夸张的说法，当时北京城只有几个大型菜市场供应水产品，带鱼、黄花鱼都非常罕见，寻常百姓更买不起虾和螃蟹。

那个金色的十月，爸爸买了肉回家，把肉切片，用姜、白糖和酱豆腐汁儿腌上。又从米缸里舀出来一碗米，米粒儿中混杂着小碎石粒儿，还有几条小肉虫儿。爸爸淘了几遍米，倒在竹笸箩里晾干，坐上锅，把米放到锅里炒，约摸五分钟，米粒都变成金黄色，再盛到碗里，用一个小石杵慢慢碾压。

那天晚上我和妹妹都吃多了。大街上不断传来响亮的口号和喧闹的锣鼓，平添一股节日气氛。我们吃多了就在院子里转悠，挥舞着红领巾，大喊："打倒四人帮！"再喊："打倒江青！"喊完了几句短的，忽然喊了句长的："反击右倾翻案风！"然后提高嗓门："打倒……"没等我们喊完，爸爸一个箭步蹿了过来，捂住了我的嘴："吃多了就他妈在这儿抽风！吃多了就抽风！回屋睡觉去！"我哪里懂得几个月前的口号已经不能喊了，一口气冲到嗓子眼儿，打了一个响亮的饱嗝儿。

其实，只是脂肪……

鲁敏 [作家]

　　话说有位高贵的女士来到案板前，让屠夫给她割十五斤肉。"夫人，您确信要这么多？""当然不，我只是想看一看，我超重的十五斤到底有多大。"这是个老笑话，但其普世的实用性至今依然有效，我相信，我们周围约摸有85%的女性都在为她们身上的肥肉而烦恼或者自寻烦恼，另外15%则只是因为她们尚处于婴幼儿期，一旦到了十岁，以我的女儿为例，五年级的她已高调进入了85%的行列。大吃一顿后，她经常会拍拍胃或肚，感叹其不太乐观的膨胀。我相信，那绝对不独是受我的感染，其他的影响力源头还应包括：定制校服时的尺码压力，地铁电视里所看到的模特秀，当红明星的纤弱"范儿"，以及一切关于"美女"的普遍性定义……一言以蔽之：肥肉之于女人，猛于虎。

由此而衍生出的信息流、实物流与资金流、医疗与科研、体育与健身、服装与美容、广告与销售……由此而拉动的一系列产业链所导致的经济增长是惊人的，在国民总产值中，如果追根溯源从头说起，我相信，因女人与肥肉的关系而产生的比重是不可小觑的；更值得经济学家引起注意的是，人体对肥肉的敏感，已从女性扩展到另一性。试以我的观感为证。就在前不久，我曾经很荣幸地目睹两个男子汉，一见面便嘘寒问暖地关心对方的腰围与体重，然后交换彼此与肥肉作战的成功经验或失败教训，他们的神情十分坦荡，姿态十分专业，交谈中涉及的知识点包括：各食物卡路里含量，排名前十的水果的去脂效果，坊间流传的神奇秘方，有氧运动与无氧运动的利弊……你看看，就哪怕是这么一件小事情，男人与女人在感性与理性上的差异性都如此之巨大，不承认不行。

女人与肥肉的纠缠，其感性还表现在另一方面：爱恨交加。此话怎讲？这个，那个……算了，我尽量高雅地直接说得了——在女性体态美的诸多构成里，很显然，丰乳肥臀已成为现代审美之必不可少的元素，否则，为什么要关注三围？尤其是"第一围"，天可怜见的，从西方伊始，渐行至东方，多少大无畏的女子啊，勇敢地把自己放倒在手术台上，配合着与时俱进的先进科技，把一些与肥肉类似的硅胶、人造脂肪或其他注射物纳入怀抱，以图制造一派虚假繁荣，即便各方观者皆心知肚明，即便不幸者为之落得不适、病症乃至奉出性命。

唉，肥肉啊肥肉，若你生得好、生得是地方，哪里又犯得着给女人们添出这么多麻烦、折腾出这么多事情！上下不过十几厘米的距离，却好比"橘逾淮则为枳"。若这肥肉布于腹部，或生于双肩双臂，则恨不能千刀万剐、拔草除根；若其汹涌于怀，或翘凸于臀，则人见人爱，喜难自禁……

正因为此，网络上甚至流传出一种"肥肉大挪移"的针对性运动，据云其始作俑者为台湾某女星。她的挪移大法，倒也天真笨拙，大意即是，寻找一切机会，在没有他人在场的私密空间或不影响观瞻的公共场合里，比如洗澡时、如厕时、被窝里，比如散步时、等人时、开会中等等，抓紧所有的点滴时间做功课——依靠最原始的工具，一双勤劳的双手，把胃腹部的肥肉往上推，推至胸部；同理，把大腿部的肥肉上推至臀部……依此土法，锲而不舍，以水滴石穿之精神，必将取得可歌可泣的丰硕收获。是真的吗？我不知道，不知道肥肉是否会像羊群那样听凭主人驱赶，如是这样，倒也真不失为一幕奇幻风格的生活喜剧。

总之说到底吧，肥肉本身何错之有，不过就是一些脂肪组织嘛，就不能以一种，这个，啊，以一种"知识分子"的"高尚"的"人文"的气度，任其自由地存在吗？存在即是合理，放宽为怀吧，其位于上也好，于下也好，多些亦罢，寡些亦罢，实在过不了坎儿，咱们还是学学本文开头的那位女士，到屠夫案子边好好行一阵儿注目礼，然后扪心叩问、仔细思量：人之为人，猪之为猪，我们对于肥肉，真不可往一般见识里去。

肥肉可能是显像管

须一瓜 [作家]

我有一路朋友，一说肥肉，她们就会缩起脖子，面如花卷，是生理反应的恶心情状；还有另一路朋友，看到肥肉就像饿狗扑食，一边高叹肥肉的美味。这两种对肥肉的反应，我都很敬慕。我敬慕前者的优雅味蕾，我敬慕后者的洒脱张扬、豪气干云。

但我另一些刁钻的朋友不这么看。他们指出，肥肉最能看出一个人"装不装"，装优雅还是装豪迈，反正肥肉就是显像管。这话说得太极端，太那个那个了。肥肉可能是显像管，但我打心眼里不认同这种一刀切的尖刻推断。当然，我同意，我同意肥肉这东西，早超越了其他肉类的精神内涵。肥肉是有历史文化背景的。

我个人能接受所有肥而不腻的东西。吃东坡肉时，那种筷子从肉皮进去，穿越肥肉层轻易掏出瘦肉丝，那种肥润无阻的感觉是惊喜奇妙的。好吃！但我不知道我属于"武当派"还是"峨眉派"。以上两派人可能都不要我，因为肥而不腻的肉，在本质上，还算不算肥肉，是有争议的。

　　肥肉最大的罪恶是咬不断的恶心。它向牙齿舌头献媚，很多牙齿和舌头会被搞得起鸡皮疙瘩。所以，要把一块死肥肉烹饪到烂乎乎、油腻尽出的肥而不腻的境界，是相当不容易的。修炼的功夫和难度大约也在这里了。在我看来，肥而不腻，不正是我们俗人最完美的人生之境？求一个胆固醇归公的肥美人生吧。

梦中破戒，俨然少年

史航 [编剧]

肥肉，一直潜伏在周遭世界，让我们患得患失，反复无常。

哈尔滨红肠的每个切片，都有一块耀眼的白，那不是镶嵌的玉石，而是不思收敛的肥膘。我对之极为排斥，像在土豆上发现了蠢蠢欲动的白芽。

但，猪头肉从汤锅里捞出来的那种颤巍巍的诱惑啊，你要跟它同频共振了对不对？那种颤巍巍相当于一个灵动魅惑的异性眼神，你可能接不住，接住了怕就放不下。

我吃过五六年的素，现已重新皈依肉食部落。刚吃素那年，总做同样的梦：在一个陌生的小县城，走在唯一的

229

主街上，两边排列的都是汤锅，煮着摩肩接踵的猪蹄猪肘、载浮载沉的猪尾巴，最无法正视的就是煮得稀烂的猪头（感觉那猪已笑得僵住了）。附近没一个买卖人，也没人监视或干涉，我自己决定要不要临锅破戒。

不止一次，我真的动筷子了，直接戳进人家鼻孔，把大半个猪脸夹了起来，就要一口咬上去的时候……我醒了。

这种悬崖勒马其实毫无意义，在我心中已形同破戒。

我醒来，惶恐，自责，羞惭。

三十多岁的人了，像个十四岁梦遗的惨绿少年。

绘画　李津

翻身肥肉

古十九 [专栏作家]

　　现在我宣布，你可以大声说出"我爱吃肥肉"了。但必须有资格。

　　要么，你是名士，名士吃硫黄、硝石都是风度，何况肥肉。同理的还有，如果你声望到达一定高度，便可以理直气壮地自称"我是农民"，而不用讳言自己的出生之地，哪怕是名声不太好的省份。另外，也不必忧心所操普通话中拗不过的几个发音，可以大胆全盘采用乡音。当然，如果母语是粤语、闽南语或上海话，还需慎行，因为方言的壁垒太高，会阻碍交流。最宜的是春晚小品常用而不需字幕的北方方言：陕西、东北、唐山话之类，不至于完全听不懂；不懂的部分，叫别人猜。这类人物如果公开大嚼肥肉，反倒是一种率性而为、返朴归真，并且还可以推出"肥肉补脑"的颠覆性健康理念。就像时尚先生戴白羊肚手巾出街照样优雅照人，摩登仕女纤指戴枚黄金戒指，上面还要刻个"福"字才更显独特。

要么，你很苗条或者健美，吃过的脂肪在身上踏雪无痕。健身教练不遗余力地推荐能助长肌肉的药粉，不知此物是否类同于养殖户们的"瘦肉精"。大嚼肥肉的人切不可让别人在自己身上找到关于肥肉的联想。皮囊之中只容肌肉或唯余瘦骨，才是呼儿将出"五花肉，千杯酒"的条件，最好再提交一份无一异常箭头的"生化全套"体检化验单。在养生教条横行的时候，你吃肥肉却不让它缠上你身，踏花归去马蹄不香，几乎等同于特异功能，腹内草莽之辈都要赞叹你骨格清奇非俗流。

余者，仍然可以吃肥肉，变通之道很多。同席者请君吃肥肉，会推出一些以莫须有的理论支持的"劝肉令"："逆水行舟"型，比如"肥肉富含胶原蛋白，养颜美容"；"釜底抽薪"型，比如"烧得好的肥肉，其实没什么油"。我们面对的肉色如同软香温玉，其实内心早已松动，闻言就为自己的偶一放纵找到了理由，就当那些慢工炖蒸的肥肉已将它们的胆固醇化给了时间吧。

生肥肉也有痛快淋漓的篇章。鲁智深拳打镇关西之"前戏"三部曲之二，鲁达叫郑屠把肥肉也细细地切了臊子，后者百思不得其解地挥刀在面前切出一片白腻，堪称史上最搞笑肥肉。时至今天的超市冷鲜肉柜，听见富有生活经验的顾客指点肉林："不管是牛肉、羊肉还是猪肉，没有一点儿肥的其实不好吃。"于是那白色的脂肪便好似精肉丛中泛起的浪花，用以点缀餐盘，滋润口感。

关于肥肉的量词，最有乡村集市感的便是"二指宽"，想是在肉铺前伸指丈量而流传开来。后来我不太买某种巧克力威化，因为标签上称它为"二指巧克力"，平白地让我认为，这样的巧克力下肚，增加的卡路里是与食用了同样宽度的肥肉无异的。

在少长咸集的宴会上，"酒精"考验的长者要与年轻人拼酒："我敬你一杯，我干，你也干！"酒量欠火候的年轻人灵机一动，筷子也动，说："那我敬您一块肉，我一块，您一块！"老者立即面有难色，当年"杯酒释兵权"，而今"块肉解酒围"啊。

国之大器

师永刚 [作家]

　　猪平时很像可有可无的空气，人们平时常常吃到它，但很少关注它的存在。就像我如果不是要写这篇遵命文章，才不会知道"猪又名'印忠''汤盎''黑面郎'及'黑爷'。古称豕，又称彘、豨，别称刚鬣"这些维基常识一样。当它突然矫健地出现在CCTV新闻联播的画面与人民日报的头条位置，总理站在猪圈边上，很认真地讨论由它带来的通胀的时候，我们才发现，猪已成国之大器。

它虽然平时躲在暗淡的角落，哼哧着自己的生命，等待着在某一个时间，结束自己的一生。工业时代来临后，它的生命也被工业化了，比如什么样的猪可以活多久都是被设置妥当。猪的命运其实从一出生就被设定好了。

它只是活在需要它的人们的时间中。直到人们在自己设计的猪的命运里，被提醒，它并没有在你的程序中。

猪是这个国家潜意识里的某种最重要的象征，比如物价。

老百姓心目中的通胀与猪肉的价格密切相关，甚至成为了老百姓经济生活中的一个尺子。通胀水暖嘴先知，涨了跌了才是百姓对于升平生活的认知。只是跌了，老百姓不敏感；涨了，国之总理、升斗小民才会发现猪在国民心中的重要地位。

悖论是，只有人们吃不起猪肉的时候，才会想起猪肉是自己人生的重要部分。

猪界的新闻较多，比如猪坚强，比如直立行走的安徽的那只猪，但都不如涨价的猪受到的追捧与关注更多，因为它的受众是最多的，能不能吃得起猪肉，是这个时代最重要的一件事。

但猪，价格高低，一直都在那里。或跌或涨，总理与人民，都得吃肉。

好好读书，有肉吃

媒体报道

还记得读小学时，在紧张的期末考试结束之后，等到公布成绩的那天，成绩好的同学一般会获得鲜艳的奖状或证书。随着时代发展，一些小学的奖品也做到了别出心裁，除了普通的奖状、证书之外，竟然还有沉甸甸的猪肉作为奖励。

二〇一九年初，一张广东汕尾光明小学向优秀师生奖励猪肉的照片在网上热传。校方表示希望通过有创意的奖励，引起学生和家长们的重视，最终推出了契合猪年的"猪肉奖"。看着新闻照片，孩子们手里提着猪肉，开心地笑着，

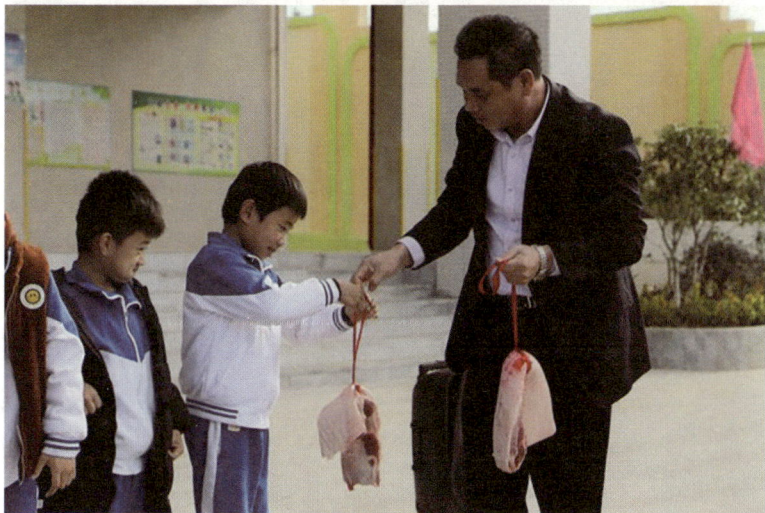

汕尾光明小学校领导为优秀学生颁发"猪肉奖"

感觉既有趣又特别。

这个与众不同的猪肉奖，不是娱乐圈里常提的"注水猪肉奖"，而是货真价实、明码标价的猪肉。不得不说为了激发学生的学习积极性，学校老师也是花了不少心思，用心良苦。

传统上，学校给优秀学生奖励纸质奖状、钢笔、本子、书籍等，但这些太过普通，难以吸引关注、引起大家的重视，可是直接提高奖金的份额又难免有拜金之嫌，而三斤猪肉实际付出的成本不高但寓意丰富。

一是，这种奖励很暖心，三斤猪肉，学生提回家里，能与父母一起分享成功的快乐。这和奖状、本子完全不同，是可以和家里人一起分享的奖励。无论是红烧，还是爆炒，一家人围坐在餐桌前、一起享用孩子带回来的猪肉的同时，也会表扬和肯定孩子这一学期的努力。这种来自日常生活中的不经意的夸奖是对孩子最好的奖励。

二是，这种奖励方式既有创意，又很实在，既含有物质层面的奖励，又避免了拜金主义的尴尬。要知道，当今"二师兄"的身价可不低，从二十世纪五十年代以来，猪肉的价格一直都在上涨。对比算下来，三斤猪肉的价格已经从二〇〇〇年的十六元，涨到二〇一九年的一百元左右。

"猪肉奖"虽在网络上存有争议，但瑕不掩瑜，虽不值得推广，仍不失为一种较新颖的奖励方式。

往实在点说，好好读书，真的可以有肉吃。

"二师兄"升值史		
年代	价格	猪肉
1950 年代	100 元	135 斤
1960 年代	100 元	125 斤
1970 年代	100 元	108 斤
1980 年代	100 元	71 斤
1990 年代	100 元	21 斤
2000 年代	100 元	18 斤
2010 年代	100 元	7 斤
2019 年	100 元	3.3 斤

绘画 风四

属猪这件事

雷淑容 [编辑]

　　姐属猪，这事本来没什么好说的。地球人都知道，肖猪之人是有福之人，能吃能喝能睡，与一头猪的幸福指数相差无几。作为一枚煮妇，姐相当满足。

　　问题出在肉身上。在我们家，老公属狗，儿子属兔，两个都跟猪相合相生，有和美之气。但是具体到吃肉这件事情上，和美就打了折扣。老公说，我属狗，所以狗肉是万万不可以吃的，吃狗等于吃他；儿子属兔，他也三令五申，吃兔子是一件伤天害理的事，不仅不能在家里吃，也不允许任何人在外偷食——逼着姐这个啃着麻辣兔头长大的四川妹子，从此就断了念想，偶尔一想到兔头，就会跟鲁迅一样想起两个字："吃人！"问题来了。二位爷可以假生肖之名制定家规，干预食单，换了姐就怎么也行不通——

姐总不能理直气壮地告诉他们：既然内当家的属猪，那敢情大家都别吃猪肉了吧。俗话说人是铁饭是钢，没有肉吃心慌慌，属相事小，有猪肉吃才是头等大事。再说了，即便他们能做到慈悲为怀，我还没有打算立地成佛呢。

吃猪肉也没什么，问题在于吃肉的态度。人家是眼睛里揉不进沙子，姐家这二位倒好，眼睛里揉不进一丁点儿肥肉，烧炸炖炒煮，腌酱拌烤煎，猪肉的吃法超过一百种，在他们眼里却只有一种，那就是：不能有一点肥肉，见不得一寸肉皮。毛主席说，世界上没有无缘无故的爱，也没有无缘无故的恨。这话对他们一点也不适用——高血压高血脂不是原因，跟肥胖和厌食也没有半毛关系，只是毫无理由地，没有根据地，肥肉就成了肉中刺眼中钉。挑肥拣瘦的人从来不会想到，与肥肉为敌，其实是与厨师为敌，说白了，就是与姐这样的家庭煮妇为敌。试着想象一下没有一层肥肉相间烧得干巴巴的红烧肉，没有一层肉皮覆盖完全没有油光可鉴的东坡肘子……都说巧妇难为无米之炊，让姐对付一块不肥之肉，亦是一个天大的难题啊。

作为一枚把上得厅堂下得厨房作为人生理想的资深煮妇，最幽怨的事情莫过于此。当一老一少两个男人愁眉苦脸地面对一桌美味佳肴举箸难咽，纵使姐有化腐朽为神奇的绝活，有化干戈为玉帛的豪情，也只能低眉回首，暗自骂娘。怎么办？首先想到的是三十六计走为上策，大不了让理想打个对折，只上厅堂不下厨房，将难题交给保姆或者钟点工——可以想象，从此食将不食，家将不家，作为煮妇的难题是没有了，可是作为主妇却路漫漫其修远兮，光是想想要踏上千辛万苦的寻找保姆之旅就不寒而栗；又或者，试试职场新三十六计的连恐带吓法——不吃肥肉？饿三天再说！结果当然可以预料：老的吓跑了，小的饿昏了。三思之下，解决问题的稳妥办法自古以来只有一种：改变男人的胃，打一场化敌为友的灶头战争。

抓住男人的心，得先抓住男人的胃？哼哼，姐没那等闲工夫，姐要做的是先换掉男人脆弱的胃，再趁机换掉他们脆弱的心。炊烟起，香气溢，有些肥肉问题其实关乎审美。比如小的这位，他愿意吃红烧肉，可是就见不得那层丰腴的肥肉——鉴于他同时热爱木瓜，于是姐将计就计，用木瓜来烧肉，火红的木瓜绛红的肉汁，从此小朋友味蕾花开，面对肥肉口戒大开。至于老的那位，多年对肥肉的偏见已经变成心理顽疾，连弗洛伊德再世恐也无能为力。姐才不信这个邪——东风吹，战鼓擂，四川人不怕不爱吃肉的人。姐的秘籍是回锅肉。

回锅肉必须连皮带肉，肥瘦均匀，这是前提。一般来说，肥四瘦六宽三指。水煮沸，用姜葱蒜花椒籽下锅，熬煮一块四方的猪后腿肉，六成熟起锅，放到冷开水中浸三五分钟，取出来切成均匀的薄片。再烧热炒锅，放入少许花生油，将肉片下锅煎熬片刻，又依次放进豆瓣、酱油、料酒、鸡精，然后洒下切成小节的香蒜苗，大火翻炒，放盐起锅——注意，姐每次做回锅肉，必定是要当着老公的面，让他看着五花八门的香料洒下锅，目睹眼花缭乱的程序走个遍，等香气蹿出来，肉尚未起锅，那个号称不吃肥肉的男人早已经激情难捺。

　　眼看着两个男人的胃被自己活活改造，姐难免有点嘚瑟。每当此时，他们就会很不服气地揶揄两句：属猪的，没什么了不起，把肉做得好吃是你的本分。姐笑眯眯地听着，不回答，心里想，属猪这件事若真的有所成全，对于一个煮妇而言，应该算是一种前世修得的圆满吧。

肥肉

那多 [作家]

　　小时候我以为肥肉就是肥肉，油腻腻咬下去就像是……见鬼，我很难找到一个形容词，因为凡我想要形容难以下咽的食物，最高级别的待遇就是它就像块肥肉！那时我最爱吃的荤菜是走油肉，最不爱吃的蔬菜是丝瓜和茄子，因为它们咬起来像——肥肉。

　　后来我开始写些小短文章，修改的时候一字一句地剔掉些杂碎，我觉得那就是文章的肥肉，完全不应该长在那儿。再后来，我会大段大段地删去小说中的段落，在写出它们时我往往得意，重读一两遍后觉得越来越腻，当我意识到那滋味越发地像肥肉时，我便毫不犹豫地把它们割掉了。

　　在那二三十年里，我一厢情愿地把肥肉的本质定义为白色的绵软略具弹性的咬下去嗞嗞出油的舌尖一触就会有个巨大蛆形触手怪扯住舌头爬进胃里的熟猪肥肉。直到某一天，我站在洗手间台盆前，端详着镜子里的圆脸，忽然想起，我本应该是张长脸的。然后我坐到马桶上想这个问题，慢慢低下头，注意到从肚脐眼往上三寸到往下三寸，这么一大坨地方欢腾地向外鼓出来。我把衣服撩起，绝望地数，一层，两层，三层。就在那一刻，我对肥肉的概念颠覆了。

我总结原因的时候把责任归咎于老婆。当年追她的时候我是个瘦子，她说，她喜欢胖子。当时她还说了许多潜台词是"你不是我要的男人趁早滚蛋吧"的话，我愚蠢地按照字面意思，有则改之，无则加勉。后来居然给我追到她，我有时解释为伟大的爱情足以跨越种族因而扫平这些小障碍还不是小菜一碟，有时解释为女人其实很笨的。而今老婆嫌弃地让我减肥，我说你不是喜欢胖子吗，她手一摊说，改主意了。所以说女人的话真真是不能相信的。不管是字面意思还是潜台词，都绝对不靠谱。

此后我困惑的时候会扶着肚子，思考的时候会扶着肚子，睡觉的时候也会扶着肚子。我幻想能像气功师那样把脏东西拿掉，结果手证了它的日渐丰盈。有时我幻想外科手术式的解决方案，表现为小说中人物的死状越来越惨，往往被开膛破腹，刀切入黄白色的油脂，血得过一会儿才渗出来。

按照我写悬疑小说的方式，后半段要开始转折，结尾更要一个大转折好甩读者几个响亮大巴掌。依这样的逻辑，这篇小短文的最后我该漂亮地一转成我与肥肉共存、和谐生长互惠互助之类，否则怎么做 ending 呢。但我强烈的情感要求我忠于本心绝不能这么干。我正在尝试各种方式，比如买来的蛋糕要求老婆全部吃掉，写作无聊了想吃糖时全部扔给狗吃，买来的巧克力只吃三分之二剩下的送给钟点工，反复下定决心运动，做到两个月打一场羽毛球，之前狠狠吃上五粒燃脂的左旋肉碱。

目前见效甚微。

那天一个朋友根据我的情况，提出了一个切实的建议。第一，不要老用手摸肚子，不要低头，人要向前看；第二，把家里的秤扔掉。我考虑接受。

肉配药——肥肉就是奢侈的欢乐

老猫 [专栏作家]

　　人们对待肥肉的态度是很矛盾的，比如"肥肉埋在碗底"，意思就是好东西没被发现，在这里肥肉是正面的。但一提到甘油三脂、高血压之类，肥肉就变成罪魁祸首了。这种又爱又恨的态度，让肥肉成了话题。啥东西但凡有争议，就容易红，我看肥肉挺红的，红烧肉能不红吗？

　　早年间我对肥肉没什么感觉。但是啊……有那么一天去体检，医生说："你体重超标啊，别吃肥肉了。"他要不说这话，生活会按部就班发展下去的，可是他说了。俺当时就没出息地咂吧咂吧嘴，呃，肥肉。

　　从那天以后，看见肥肉就是那么香。这就好比说，你要是结婚了，就不能对别的姑娘动心思了，但总有那么多人试图多吃多占，大概就是这个道理。越是不能动的越想动，更何况有人总是提醒你，这个不能动啊，千万不能动。

　　我是一个循规蹈矩的人，说不能吃，还真忍受来着。

比如说吧，在饭馆里，我尽量不点坛子肉啊回锅肉啊等等和肥肉沾边的东西，吃个烤羊肉串呢，还事先儿得把中间夹杂的肥肉择出来，搁在盘子边上。弄得人家烤串的小伙子跟我说："你不喜欢这串上有肥肉啊，其实肥肉才香呢。"

这话说得我胃里一阵抽搐，只好咽着吐沫跟人说："不是不喜欢，而是不敢，我就看看样子，闻闻味儿，就行了。"

小伙子同情地看着我，点点头，走了。俺看着那肥肉在桌子上渐渐变凉，想象着它们在炭火上嗞嗞作响，流着油，心里万分沮丧。难道一个追求生活乐趣的人，连吃块肥肉这样小小的心愿，都不能满足吗？

人的运气是可以改变的，股市能跌成那样，肥肉也不是不可能再吃。在我因为肥肉而纠结的时候，我得到了一种蓝色小药丸——具体说，这个药的作用是降低血脂，原理呢，就是吃肉的时候，连这药丸也一起吃下去，它在胃里化开，能导致油脂不被消化吸收。换句话说，肉吃下去了，油流走了。俺对它的理解，就是既能饱口腹之欲，又能免肥胖之忧。真是好东西。

话是这么说，但到底管不管事，心里也没底。但不试一下的确于心不甘。于是，我就小心翼翼地过上了肉配药的日子。吃羊肉串吃药，吃猪蹄儿吃药，吃肘子当然也要吃药……

小心翼翼地挨过了三个月，我特意开车去体检中心，别的不查，专门查血脂。结果是非常令人满意的，血脂再正常不过了，这意味着我可以正式恢复吃肥肉了。可以想见，我有多么欣慰。

当然，这样做的成本也是昂贵的。那小药丸一盒二十四粒，将近八十块啊，和肥肉搭配着吃，可以说相当奢侈。加上医院现在有了新规矩，医生不能开大处方，也就是说，每次开药，最多可以开一个月的，也就是说，我每个月都得开车去趟医院，饱经堵车停车耗油之苦，然后挂号、排队、划价、拿药。这么说吧，弄到这药，花钱不说，至少还要搭进大半天的工夫。这样的成本，是始料未及的。

就这样，对于我，肥肉成了奢侈的欢乐。想吃肥肉，先得掂量掂量，兜里还有没有钱买药。有时候会想，这肥肉，就是上天安排来勾引人的食物吧？

有一天和哥们吃饭，两人都开了车，不能喝酒。了无意趣之下，一个念头涌上心头。叫来一盘纯正的红烧肉，肥得晶莹剔透的，就说，咱不斗酒，咱斗肉吧。猜个小拳，玩个老虎棒子鸡，你一块我一块，一口肉接着一口肉……去他的超标，这样的日子该有多红火！

立冬（油画）

盛梅冰

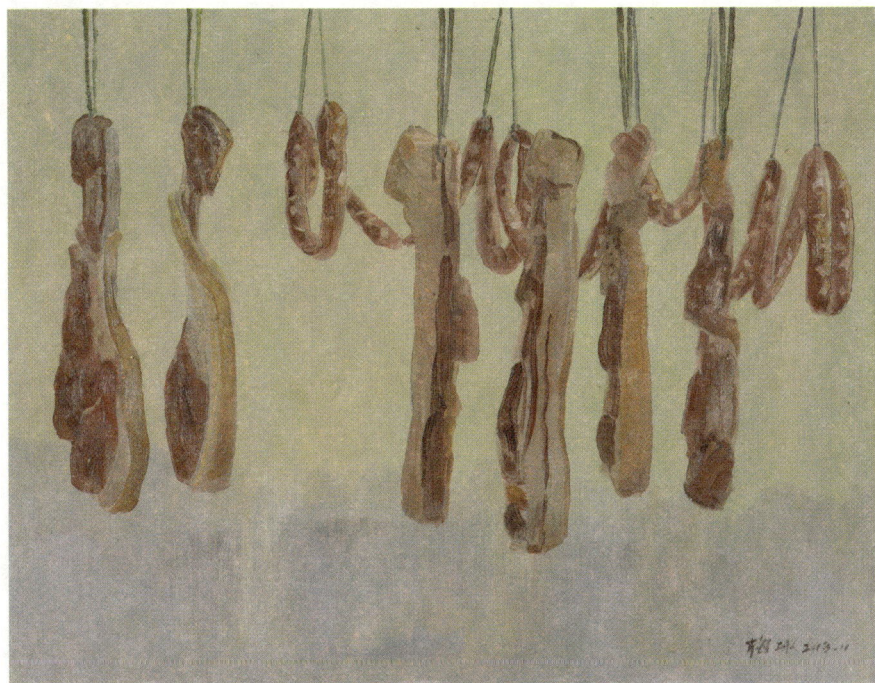

肥肉是我的好朋友

邦妮 [编剧]

邦妮有一身肥肉，

她恨它们，咬牙切齿。

它们长在她身上每个部位：脚掌，肚腩，胳肢窝；

它们幸福，安稳，懒懒洋洋。

没有一个男人爱肥肉，时尚杂志封面妖精说；

肥肉就是一件隐身衣，你穿上了，就隐入了黑暗。

为了能从黑暗中现身，她撕扯掉这些肥肉，

每撕掉一条就一阵剧痛。

她变瘦了，一整夜都是试穿新衣，一整月都是。

她爱听店员的奉承，曾经那都是羞辱，

她最爱说的话是：包起来，这个那个，全包起来。

肥肉们躲在镜子后面看她，

无辜地窃窃私语。

可是男人没有来，

肥肉都走了，男人们并没有来。

封面妖精说：噢，你没有错，你错在，你还不够瘦。

邦妮开始想念那些肥肉，

它们雪白，流动，无比柔软，

它们是最忠实的朋友。

她才发现，原来和它们在一起，她才像她自己。

邦妮又胖了。

朋友们看见她时，目光中充满惋惜。

她假装沮丧，其实未必，

抚摸着肥肉，非常安心。

她在心里说：So What?So……O…… 呃（打嗝）！

肥肉

李洱 [作家]

肥肉，当然是肥猪肉。我的老家河南济源，肥肉又称白肉。依照此理,瘦肉应该叫红肉的,但却不叫红肉,而叫"格丝肉"。大概是说，煮熟之后，可以一丝一丝地吃。

印象中，除了过年过节，童年时代只有在遇到婚礼和葬礼的时候才能吃上肉，尤其是白肉。婚宴上吃白肉，当然是喜上加喜。喜上加喜还是个喜，没什么说头。有说头的是办丧事的时候吃白肉。

丧事，又叫白事。民间有个说法，办白事如抄家。直到现在，民间办丧事的花费仍然不会少于办婚事。不同的是，办婚事的钱，除了吃肉，还置办了一些以后过家家用得着的东西，而办丧事花的钱，基本上都用来吃了。婚礼只有一天，只管两顿饭，中午一顿，晚上一顿，但丧事却可能持续多天，孝子贤孙和前来吊孝的人，每天都要吃，每天都要吃肉。丧事办完了，还有头七、二七、三七，每过一个"七"，也要吃肉。在贫穷的年代，一个丧事办下来，家底基上就吃光了。这就很有点把丧事当喜事办的意思了。

我曾亲自听到一个人说，他最喜欢吃的就是办白事时候的饭，一个字：香。所以，只要有人家办白事，他立即前去帮忙，或者做棺材，或者挖墓，为的就是混顿饭吃。这话是我去年听说的，此人并不穷，平时也没少吃肉。现在生活好了，他平时可能已经不愿再吃白肉了。可是，在丧事上吃白肉，他吃起来却一点也不含糊。我实在想不通其中的逻辑。后来，我好像有点想通了。在别人的哭声中，慢条斯理地吃着别人家的白肉，对很多人来说，那确实是一种幸福。

一块白肉，寄托了中国人怎样的感情哟。

人生就是五花三层

王小柔 [作家]

　　饭桌上，尤其女人，看见肥肉就会一边咂吧着嘴，一边拿筷子戳着空气娇滴滴地说："我可不吃肥肉！"其实，很多说这话的人喝凉水都不耽误自己长膘。

　　肥肉是好东西。在我年少的记忆里，买肉凭票，那时候植物油吃得少，全国人民都热衷于买大肥肉，然后拿刀切成小块，扔锅里炼油。那些白肥皂似的东西，吱啦吱啦一沾热锅底，全跟狐狸精似的，一股烟儿，化成水儿了。漂浮在热油上面的油渣变成金黄色，一小粒一小粒，看得人眼馋。大肥肉里的提取物被倒在一个搪瓷罐子里，等着炒菜时拿勺舀出来用，油渣则被放入另一个粗瓷碗，烙饼时撒上些盐往面里按，面上立刻会出现一个一个手印儿。加入葱花烙出的饼那叫一个香，我想，这都是肥肉的功劳。

当我们逐渐富裕起来、肉可以随便吃的时候，猪都减肥了，那种大胖子似的卖不上价，反倒长得瘦了吧唧的金贵。可真正吃起来，没有肥肉是不香的。你看蒸锅里的扣肉，薄薄的几片，肥而不腻，脂肪们到咱嘴里入口即化。要是没肥的，光瘦肉，赶上牙缝大点的主儿，几口下去，一半肉丝儿都用于补牙了，还得一手捂嘴，一手拿牙签现往外剔，间或卷着舌头倒吸凉气，欲把肉丝儿给唑出来，以为自己是吸尘器呢。

肥肉讲究的是味道，是给瘦肉提神儿的辅料。我最爱的是五花三层，那肉，看着就跟中国的山水画似的。腌制成的腊肉更是别有情趣，小身材大味道，扔锅里很爷们儿，毕竟那么多日子的风吹日晒，骨子里那点油水都给控得差不多了，你说配大白菜还是卷心菜，它都给你蹭一身腊肉味儿，非常唯我独尊。

挂着一层又一层重峦叠嶂般肥肉的五花三层经常出现在烧烤店里，就几片，把碟子铺满为标准，一筷子捏起，没准四分之一盘子就空了，这样的肉质因为肥滋滋的浸润而鲜嫩有致。而此时的肉片，很女人，很扭捏。把它轻轻放在刷满油的大铁盘子上，它哆嗦着，颤颤巍巍地收缩着身体，汗水滴滴答答，姑娘貌美如花，由生肉变成熟食，沾点酱，再放嘴里跟舌头纠缠一会儿，下肚。如果没有那点睛般的肥肉作陪衬，光指望那些瘦肉是提炼不出什么美味的，瘦肉就像个皱着眉头的大爷，揪巴到一块儿，吃进去，也是满腹的索然。

自从买肉不用肉票，家里就不再炼大油了，而那些稍微挂着点瘦肉的油渣成为了永久的、记忆中隐约的味道。现在，只是偶尔吃带肥膘的肉，多是在馆子里，自己家再不做那些油腻的东西了。人家大师傅会做，能让那些肥肉欺上瞒下地用美味包装自己，然后顺进食客的肚子里。当然吃完也经常警醒，别回头吃哪儿长哪儿，那些肥肉再变本加厉地报应在自己身上，可吃的时候断然想不了那许多。

人生就是五花肉，我们是掌勺的。在不停地翻炒间，形成自己的味道，而那些细腻的嫩膘儿，成全了我们的食欲。真下饭！

肉的杯具

孙洁 [专栏作家]

看到这个话题我嘿嘿地笑了起来。

因为自打我出生开始，到十九岁截止，"肥肉"这个词一直是我的死穴。而我妈妈，也常常会从幼儿园归来的我的外套口袋里，翻出一整块红烧肉（我吃午饭时偷带出来的，忘了扔掉了）。

所以我不得不在这里和大家一起追溯这些很让我丢脸的事。

小时候，出于对动物尸体奇怪的害怕，导致我可怜的爸妈，始终要用"一分钱每块"的价格，来和我进行肉的交易。

那时的我才上幼儿园，为了赚那几分钱，常常咽得很辛苦，满眼都是泪水。

旁人若不小心看到我的样子，一定会猜我是在接受体罚，其实我只是在吃肉罢了！

也许在十九岁以前，我是真的无法接受那种有一股死去的动物的味道，并且煮完后，上面盖了一层皮，皮上还有毛孔的食物！直到上大学后的某天，我们系里来了一个漂亮的女模特！这一切才发生了改变……

某天，我们系里来了一个非常漂亮的女模特（我忘了说了，我们的系是美术系，所以漂亮模特们都不穿衣服的）！于是我们都画得非常卖力，呕心沥血，废寝忘食。

从画室出来的时候天色已经晚了，我发现食堂里除了一堆肉丸子和白米饭外，已经没有别的东西了。

我郁闷地回到宿舍，面对着一杯白水和一盒饼干发呆。这时，住在我对面的女孩买了两个巨大的肉丸子回来，她热情地问我说："要不要咬一口呀？"

饥肠辘辘的我，在痛苦地挣扎了十秒钟后，还是张开了嘴……可是，就在这一刻，我突然尝到了不可思议的味道！

它非常奇妙地混合了土豆、煮烂的胡萝卜、豆腐糊、蔬菜和面粉的味道，而这些都是我喜欢的，也就是说——

它吃起来完全不像肉了！真好吃啊……

我迅速地吞下了这个肉丸，正准备把魔爪伸向另一个的时候，我室友突然清醒了，毫不迟疑地将它从我的爪子里夺下。

于是那一周回去后，我指定妈妈为我做这种奇迹般的有土豆、胡萝卜、豆腐糊和面粉的好吃的肉丸子！我妈听了非常惊喜，热情高涨地亲自动手为我做了！

在它们端上来以后，我信心十足地咬了一口，随即发现整个肉丸里，仍然充斥着不折不扣的肉的气味！并且里面还是能看出那些虽然切得很小但还是很清晰的肉丁，我的胃里一阵翻腾……

由此，我妈终于得出结论——其实我并不是突然喜欢肉了，而是喜欢那些巨大无比的大锅煮出来的、反复回锅又反复拿出、味道混乱、面目不清的食物！

而假如在这样一类悲剧的食物里，加一些肉元素进去，我还是能够接受并欣然吃完的！

而能提供这种含有肉元素的并以熘的形式存在的食物，一般只有两个地方——食堂和盒饭工厂！

之后很多次的例子证明，果真是如此！

比如，我上飞机前常常故意不吃饭，因为大家都知道的，我喜欢飞机上的份儿饭！

从空姐开始问"要米饭还是面条"起，我就已经快坐不住了，周围的乘客都会很诧异地看着我不耐烦地左右摇晃、伸着脖子，直到欢天喜地接过那盒被加热了无数遍、包着锡纸的米饭为止。

有的时候我不巧陪朋友坐头等舱，他们会提供那种又硬又老的牛排给我们，我就会可怜巴巴地和他们商量，能不能给我一盒普通舱的盒饭……

幸运的是，一般这样的要求都能得到满足！

我迫不及待地拿住那盒饭，小心地揭开一点外面的锡纸，先不急着吃，满心欢喜地欣赏一会儿上面撒满的浇汁……

看见周围的人都看着我，我只好放下勺子，不好意思地和他们打招呼说："那——那我先吃啦……"

与肥肉的"战役"

王斯琳 [设计师]

　　像森山大道说的那样："或许不经意间，某种记忆会透过我按快门的指尖觉醒。"过往的记忆在定格的图像里重生，关于人，关于物，关于气味，关于感觉，好的，不那么好的。我喜欢摄影的理由正是如此，也许摄影就是挽留记忆的最好方式。也许有记忆陪伴，我们从此不再孤单。

　　北京时间二〇一三年六月二十六日，十三点五十一分。被定格的画面，是一件蓝白红相间的长袖 T-shirt。猛地一看，好像伴随这经典的配色，还不时吹来一阵阵法国的航海风。但如果你再细心地看一遍，就会发现，在这经典的配色之下，隐藏的居然是一条条红白相间的肥肉图案。白花花的肥肉夹杂着猩红的瘦肉，在深蓝底色的衬托下显得尤为突出。不用想都知道，刚刚还浓郁的浪漫气息此刻已

264

荡然无存。这样让人不舒服但又实在新奇的一幕，让我忍不住拿起相机想要记录下来。就在我食指指尖按下快门的一瞬间，一段记忆被毫无设防地唤醒。

一段关于肥肉的记忆。

那个时候我刚上幼稚园。上午发小熊饼干和草莓牛奶的幸福时光一过去，我就会陷入紧张痛苦又漫长的等待中。因为在担心今天的午餐是什么。一周里总有那么可恶的几天，午餐里是躲不开肥肉的。小朋友绝对禁止挑食，所以剩下饭菜总免不了被老师严厉批评，甚至向爸爸妈妈告状。这让不爱吃肥肉的我在遇到"肥肉午餐"的时候，变得无比忧伤。我硬着头皮，闭上眼睛，半吐半咽地吃过那么一两块。同桌小伙伴也会偶尔帮我吃上一块，也还是在我苦苦央求之下才答应的。就这样当之无愧，我经常被老师骂。这可不是办法！所以在每次"肥肉午餐"的悲伤之余，我也还是念念不忘一定要努力想个好主意，帮我免于被骂。终于，真被我发现了一个很不错的办法！你知道，那个时候幼稚园的课桌都是木头的，被刷成墨绿色，不过桌子底面的木头没有刷漆，粗糙的木纹用来贴肥肉简直完美！所以只要趁老师不注意，快快把碗里的肥肉贴在桌子底下，就可以逃过一劫！过段时间，偷偷观察一下桌底，有的小肥肉都长出了绿毛，真是恶心！但这种恶心对我而言，和吃肥肉比起来不算什么，我清楚地明白，总是要有点牺牲的。所以贴肥肉的地下工作，是坚决不能收手的。就这样，这场与肥肉的"战役"，散落在我幼稚园时期的午餐时间。

时隔这么久，身边胖胖的好朋友多了不少，看着他们享用小肥肉的幸福面孔，却也还是没能让我对这家伙产生好感。现在看到它，眉头也还是要皱一皱的。但时隔这么久，又隐约感觉到对肥肉本能的反感和关于肥肉的儿时记忆倒像是经过搅拌机的搅合，调和出一种新的味道，让人即使皱着眉头，却又禁不住嘴角上翘的，特殊的，记忆中的味道。

肉的隐喻

王一方 [学者]

在漫长的农耕社会，肥硕一直是富足的别称。田地要肥，庄稼要肥，赞美乡村常常称之为"土肥水美"。对于牲畜，历来标准单纯，一概以"膘肥"为佳，成语中的肥马轻裘、乘肥衣轻、乘坚策肥、秋高马肥，赞许之声，千年不绝于耳。

也不知从何时开始，牲畜开始向人类的"新知"看齐，或是为了适应人类的肉食新需求，渐渐搞起"去肥化"来，甚至染上了"厌肥症"，还不惜以药物制造出专长瘦肉的"杂种"来。说起来，人类"厌肥症"的历史也不长，很久一段时期也是喜肥恋胖，饮食也嗜好鲜香肥厚之物。记得一九七一年的年关，持票证去买肉，轮到我只有瘦多肥少的排骨肉，眼泪唰唰地就涌出来了，寻思这下可惨透啦，回家一定会被家人抱怨。在那个物质极度短缺的年代，刚出锅的热猪油都可以喝上几口。时至今日，仍有一大帮子"红烧肉""东坡肉"的"粉丝"，被戏称为"肥肉党"，不过，他们的声名正江河日下，逐渐沦为了"地下党"。

肥肉的要害是肥，不肥不足以解馋。尤其在那些油水匮乏的年代里，"肥"是口福，更是利益，是诱惑，是惊艳，是钓饵。那年头，请朋友放开肚皮啜上一顿"肥肉宴"，可以增进很深的个人感情，不定能谋个"肥差"，补个"肥缺"。日常行为上的"拣瘦挑肥"，虽然暗示其损人肥己，损公肥私，食言而肥，也还带有"崇肥症"的痕迹。

不过，肥硕之躯一旦被推进医院，便由世俗理解推向科学解释，演变为实验室里的饱和与不饱和脂肪酸的含量报告，不仅仅只是冰冷的技术指标，同时，也开启了一扇"妖魔化"的门禁。毫无疑问，社会语义的变迁，科学标尺充当了"杠杆"。不错，动物脂肪富含的饱和脂肪酸、低密度脂蛋白，都可能成为健康危险因子，肥胖会增加心脏负担，诱发代谢紊乱，最终导致糖尿病。但脂肪对于各人的影响程度是不一样的，就像抽烟对于肺癌，并不存在线性因果关系。其实，脂肪的优点也很多，譬如促进体内荷尔蒙转运（尤其是青春期的女性）、完成体内能量的转换与储备。对此，医学家们很少念叨。更要命的是关于肥胖的"隐喻"，譬如：肥胖的诸君一定意志薄弱，自我放纵（缺乏自制力，任性）。一者未管住"嘴"，海吃海喝，毫无节制；二者未调动"胳膊腿"，不愿意吃苦流汗，参加各种运动。追根溯源，还会质疑其爹妈的"品种"问题，将"罪恶"的"孽种"（肥胖基因）遗传给了子女。闲聊中说某人"心宽体胖"，算是最宽容的评语，说其富态、发福、丰满，都是些虚伪的假恭维，实则曲笔言胖，不点破而已，隐含有批评、鄙夷之意。若是说某君肥头大耳，脑满肠肥，那便是直言的贬损。碰上某人牙缝里蹦出一个"膘子"（没有思想的蠢货，是只会长膘的"畜生"），那就是对人蓄意的羞辱，近乎当街抽人耳光。属于另一种"类型歧视"的语言暴力，与种族歧视无异。

从肥肉崇拜到肥肉恐慌，肥硕、肥胖"罪感"随即诞生，还不时会有罪感的社会清算（人群歧视）。这折射出我们当下社会意识的狭隘以及科学主义的偏见。其实，肥胖（丰腴）之美与瘦削（骨感）之美，增肥与减肥，完全是自然存在和个体的自由选择，没有必要对视觉的社会性作强制性规定，更不能将某种选择作为标杆来倡导，挟"科学指标"而令天下，只能吃瘦肉（据研究瘦肉中的脂肪含量并不低），不能爱肥肉，无论红烧、回锅都不行；找对象，体态只配苗条，不可丰腴；通过大众传媒传达一种毫无根由的社会歧视，让原本幸福的胖哥、肥姐们蓦然间生出许多自卑与自我厌恶来，重创他们的自尊和自信。其实，自然界有内在的自律机制，高矮胖瘦都有一定发生概率，不会偏离某个中位数，若是依据人为律令，嗜肥过度与节食过度，结果只会使胖的更胖，瘦的更瘦。理想的"三围"是胸围、臀围要丰硕，腰围要瘦削。同样，理想的饮食是适度摄入脂肪。最近，西班牙颁布了"超瘦模特禁演令"，算是对某种酷爱"瘦美"风尚的纠偏吧。

在我看来，对待饮食与审美，还是应该尊重多样性，提倡多样化，不搞一边倒，清一色，应该学学蔡元培先生，遇人遇事兼容并包。

人民群众有喜爱肥肉的自由，也同样有热爱肥胖的自由。

苏轼有诗云："短长肥瘦各有态，玉环飞燕谁敢憎。"

缝纫机上的 "肉"

王寅 [诗人]

  印度，菩提迦耶市场街，小裁缝正在缝纫机上缝制包袋，红白相间的布匹乍一看就像涮羊肉，红的是精肉，白的是肥肉。

屡屡制造事端的肥肉

丰玮 [作家]

肥肉不是朋友。小时候，第一眼看见桌上的肥肉时，它就不是我的朋友。如果幼时饭桌上，我的筷子不小心夹了一块肥肉，只能偷偷塞进宽大的袖口里藏起来。否则将被大人呵斥，指为挑食，如同判为犯罪，并在逼迫下吞进又一块肥肉。仿佛如此，便可以矫正错误，建立正确的行为。而他们自己却拥有特权，不小心夹了一块肥肉可以又再放回到菜盘中。

上小学时，课间每人发一只肉包。特别害怕肉馅中会拖出一块肥肉，上面依稀能见盖着"验收"二字的青色戳。大脑正拼命运转想着怎么扔掉它时，老师两道尖锐的目光探照灯一样射来，寒光凛然，并说："吞下！"就这样，肥肉在生活中接二连三制造着事端，权威和命令总是让你以吞下一块肥肉收尾。在闭上眼、企图麻痹肥肉经过食道造成的瘙痒时，你觉得自己特别边缘，特别无力，特别屈辱。

我成了医学生，才确切地知道肥肉其实就是一堆脂肪细胞，而一坨肥肉和一束肌肉完全是两回事。倒是五花肉一词，没有出现在医学书本中。至于骨头的构成，与肥肉更是判若两个星球。在外科实习时上手术，电刀切经腹部肥肉，也叫皮下脂肪，空气中常有一股烧焦的油味，类似北京到处散落的羊肉串摊位飘出的味道。到这个年龄，我庆幸自己开始获得自由，不用再忍受权威和命令让我吞下肥肉的后果。但有一天与一位年迈女教授上手术台为一位六十岁女病人切除子宫，当电刀切经油花花的腹部肥肉，空气中开始飘出一股羊肉串摊位的焦味时，我在台上帮助拉勾的手被一只止血钳稳、准、狠、硬地敲了一记。大梦醒，猛抬头，见女教授严厉地看着我，寒光凛然，说："走什么神，你刚才拉勾的手松了！"原来，生活里，权威或是命令依旧如昔，只不过换了别一种形式。

毕业后提只包汇入人流，也汇入一致的平庸，在办公室的格子间里讨生活。格子间的话题之一是长久坐班后的腹部肥肉渐长，这事几乎过了三十岁后无一幸免。如同双眼浑浊、秃顶、乳房下垂、阳痿一样，腹部肥肉成为中年后日渐懒俗的又一特征。如同双眼浑浊、秃顶、乳房下垂、阳痿一样，腹部肥肉也带来一丝丝"没救了"的自我怀疑和恐惧。肥肉还在继续制造着事端。一位在广州的朋友给我电话，说她突然查出患了乳腺癌。其时是秋天，我正背着 50 升的旅行包在漓江边上一日徒步，迎接自己的三十岁，两眼正寻找着前方是否出现了二十元人民币反面的九马画山。

去广州出差，买一束花去医院看望刚做完手术的朋友。病房气氛一如常态地压抑、肃穆，这种气氛让我面对平时见面总谈论琴棋书画的朋友时，双手都无处安放。

"切了一侧乳房。"朋友躺在病床上告诉我。

"没事的，医学上看，其实就是一坨肥肉。"我故意开玩笑。我企图通过解构的手法，冲淡这周围一股过于压抑、肃穆的气氛。

"唉，可这两坨肥肉，是天下多少女人的象征和寄托。我的胸前就剩下一坨了，左右不对称。"朋友似乎也被肥肉的笑话感染，顺着玩笑起来。但我总能敏感地听出一些无奈，那是我俩之间谈话不敢触及的地带。

"你的意思是……会一侧失重？甚至走路一瘸一拐？"

我继续开玩笑。

朋友大笑。我却说不下去了，想起在医学院时，那位乳腺外科男教授曾骄傲地说："一刀掀去中国女人乳房的时代一去不复返了，一定意义上，保住乳房是保住女性的某种象征某种寄托，现代技术已经可以帮助办到。"但为什么在朋友这里，现代医学并没有办到呢？

病房的气氛又回复到往常，还能说些什么？我拼命搜刮记忆，开始给朋友讲这位老教授的笑话。他号称一双手曾触诊过中国近一半妇女的乳房，以判断有无病患。一上午七十位就诊者的密度，让他几乎无暇抬头看清每一对乳房也就是两坨肥肉的主人的脸。总是这样，一位女病人上前，他说"请撩起上衣"，他双手触诊，然后说"下一个"。又一位女病人上前，"请撩起上衣"，他双手触诊，然后说"下一个"……同班实习的男生，眼中露出无法掩饰的艳羡目光。嫉妒之下他们编排——老教授晚上与夫人也说"请撩起上衣"，他双手触诊，然后说"下一个"。夫人一耳光挥去，让他惊觉：这是在床上，不是在诊室。

即便是一刀掀去了一侧乳房，三年后，朋友的病还是复发了。当她告诉这个消息时，我再也说不出关于"一坨肥肉"的笑话了。又一年后，我去广州参加她的葬礼。一位她的朋友无意说起："你每次来广州出差和我们大家吃饭时，她都从包里掏出一包预先准备的速溶咖啡，说知道你吃完饭后就犯困，怕你满城找咖啡找不着。"我泪水夺眶而出。无论是一坨肥肉还是一束肌肉，最后统统都在凛冽的火炉中消失，成为灰尘。朋友剩下的，是一堆最清凛的骨头。

相信我，死不了

叶倾城 [作家]

在下雨，城市很静，有鸟这里那里啁啾，叫声连成一片。雨丝是纵，鸟声便是横。十一月，长长的林阴道上橘黄橙绿，落叶零星。我在树下等朋友，很愉快地来回溜达着，一脚一脚去踩水洼。一抬头，不远处有家家常菜馆，红房子湿漉漉的。

我就和朋友在这家菜馆吃的中饭，摊开菜单，看到一个最质朴也最放肆的菜名。在这么个讲究环保、乐活、简约生活的年代，公然卖这么高热量、不健康的菜，几乎是一种挑衅。我绕开它，我的视线又回来，它不动声色，它又在挑逗我，啊不，是我的好奇，我的食色之趣在蠢蠢欲动。我关上食谱，对服务员说："给我来一个猪油渣炒小白菜。"

菜来得很快，可见简单。菜叶青翠，像落过雨的草地，光在四处流动，呃，我承认，那是油汪汪。小白菜在猪油的润泽下，像遇到良伴的小妇人，越发出落得眉清目秀，恬恬地风韵万千。

油渣很出乎我的记忆，是整整齐齐的小块。不应该是碎渣吗？当然，碎渣外形不美，且炼得过久势必枯瘦，像久历世事的人，干硬如柴。入口果然酥脆香浓，越美味越罪恶：不就是脂肪吗？猪身上的，迟早变成我身上的。我却因这负罪感，油然而生犯天条般的得意。我总在吃饱之后，想到减肥，这一次也不例外。尤其是，我模模糊糊记起，动物油脂是饱和脂肪酸，会引发高血压、高血脂、高血糖……

但，我吃得多么快乐。

像《蒲公英》里的一碗面条，在宝石色泽的汤里闪烁；像《翻滚吧蛋炒饭》里的一盘限量版蛋炒饭，令人潸泪；像《饮食男女》里的一条鱼，唤起老父亲冬眠的味觉。我的猪油渣炒小白菜，到不了这个境界，它只是还原了祖母时代的美食观：好吃，就是好吃。不计算卡路里，不管对养生是否有害，不去想三高问题，不把"有机"作为噱头——奇怪，难道动植物会是无机的吗——它用味蕾来决定一切。这是一种任性的吃法，就好像，我曾经，很任性地，爱过一个人。

不去考虑是否正确的时间与地点，没掂量过他的钱包，听了他的承诺就相信了，知道他的怯弱，不可能不懂得那会带来伤害，但乐观地，不去想。什么都不想，只是那一刻，如帝国大厦所有的电灯全部擦亮，如银河一切的星全部点燃，如宇宙每一位神明都在欢呼，地动山摇地，爱着。

这一朵玫瑰，和其他每一朵玫瑰一样，都只开放了一个上午。热烈如我，也承认，一生为情所困，像顿顿大鱼大肉一样，是落伍过时、极其被人骇笑的方式。汤显祖所说的"情，不知所起，一往而深，生者可以死，死可以生。生而不可与死，死而不可复生者，皆非情之至也"，斯时斯世，只会被嗤之为脑残。

健康是我们要秉承一生的方式，不仅是饮食，也是感情。但能不能有一次，不那么健康？能不能有一段，纵情地、挥霍地、倾尽所有地去爱上一回，就像偶尔在小店，大声叫店家上一盘猪油渣炒小白菜。相信我，死不了。

别扭的肥肉

范志红 [养生专家]

肥肉这词汇，怎么看怎么别扭。

从本来意思说，肉就是动物的肌肉部分。即便加上肥字，也该是壮硕的意思。所谓"牛肥马壮"，是说牛马肌肉充实、体格健壮的状态。可是肥肉呢？它实际上和肌肉没什么关系，完全是白花花的脂肪组织，松软油腻，缺乏弹性。

大概这就是中国词汇的一个构词类型了，只重在"肥"，而忽视了"肉"。

从化学成分上来说，"肥肉"就更是一个错误概念。

肌肉的主要成分是蛋白质和水分，蛋白质占 15%~20%，水分大约占 70%。所以，肌肉是膳食中蛋白质的重要来源。可是肥肉呢？别看带着个肉字，里面的蛋白质却少得可怜，90% 的成分是脂肪，维生素和矿物质的含量微乎其微。二两肥肉，只有网球那么大的一点，就有 800 千卡的能量，相当于两碗半米饭、八九个富士苹果，或者将近七杯牛奶。所以，别用"肉"这个字来遮遮掩掩的，像英语那样，直接呼为"脂肪"，倒更为确切一些。

很多女性都讨厌肥肉，我也不例外。不要说那肥白的外表令人联想起身上挥之不去的赘肉，那种油腻的口感也令人反胃。从小到大，母亲成功地把我培养成一个不挑食的人，唯独这肥肉，始终不能入口，哪怕是在食物匮乏的时代。

不过，直到学习了食品科学知识之后，我才明白一个真理：肥肉看起来虽然别扭，吃起来并不别扭。只要吃得巧妙，人人都能接受，而且为它倾倒。

要知道，肉类的香美气息，全在脂肪当中。无论猪肉、牛肉、鸡肉，若只有富含蛋白质的肌肉纤维，那么端上桌来，食客们只有一个字的评价：柴。兔肉之所以和什么肉炖就是什么味道，正是这个缘故，它不仅没有成层的肥肉，连肌肉缝隙当中，都难见脂肪的踪迹。猪肉之所以受到国人的拥捧，就是因为它最肥的缘故。

不过，直接把肥肉做成东坡肉、红烧肉、蒜泥白肉、梅菜扣肉之类，就显得理念太落伍了。肥肉之美，在于取其香而隐其形。

比如说，在肉类柜台上，排骨为什么总是最受欢迎？正因为它肥而不显，香嫩可口。高达30%的脂肪，不动声色地分布在骨棒四周，并深入肌肉纹理当中。这样的肉，尽管胆固醇和能量相当高，人们却总是爱不释口。

再看看大大小小的火锅店，菜单上永远是肥牛肥羊唱主角，没见到说涮瘦羊的。奥妙在于，其中的肥肉，总是和瘦肉亲密交织在一起。高档的要达到水乳交融难分难解的大理石花纹境界，差一点的也要做到"肥中有瘦、瘦中有肥"的层层叠叠状态。肥肉还是那个肥肉，可是看看店里的大姑娘小媳妇们，却无不笑靥如花，欣然纳入口中。

要说肥肉在哪里隐藏得最深，大概要算是肉肠、鱼丸、饺子馅之类的肉糜状食品了。

超市里的推销员经常会在肉肠货架前嚷嚷"无淀粉"，却没人嚷嚷"无肥肉"。按国际惯例，灌肠类产品中都含有超过20%的脂肪，其中主要来自于故意添加的肥肉糜。如果没有肥肉帮忙，不仅少了香气和美味，还会让灌肠切片困难，口感粗硬。某位烹饪大师传授做鱼肉饺子的秘诀，也没忘记提到，鱼肉脂肪太少，必须加入适量的肥肉糜，饺馅才能香浓多汁。鱼丸也是一样道理，肥肉和淀粉都是常见配料。即便是普通老百姓，也都知道做丸子和饺子馅的肉必须三肥七瘦，否则怎能产生诱人的美味口感呢？

说到这里，很多人都会惊呼——原来自己也没少吃肥肉。

"吃什么补什么"这句话，虽然并不完全符合科学道理，但是用在肥肉上，倒是相当贴切。人体脂肪和肥猪肉原本就是一种东西，无论是以什么形式伪装的肥肉，吃进来之后若消耗不掉，变成自己的脂肪贴在身上，真是再便捷也没有了。顺便还会把肥肉中积累的脂溶性污染物质一起吞进肚里，继续在自己的皮下脂肪里面浓缩蓄积。

人们祖祖辈辈热爱肥肉，是因为那时难有机会吃到一点荤腥，每天却有干不完的体力活，身上皮下脂肪极度缺乏的缘故。如今四体不勤，饮食过剩，血脂连年上升，体重一路上涨，虽然遗传的口味难以改变，对肥肉的心理感受自然会产生变化。用两句话来形容，是爱并恐惧着，馋并别扭着。

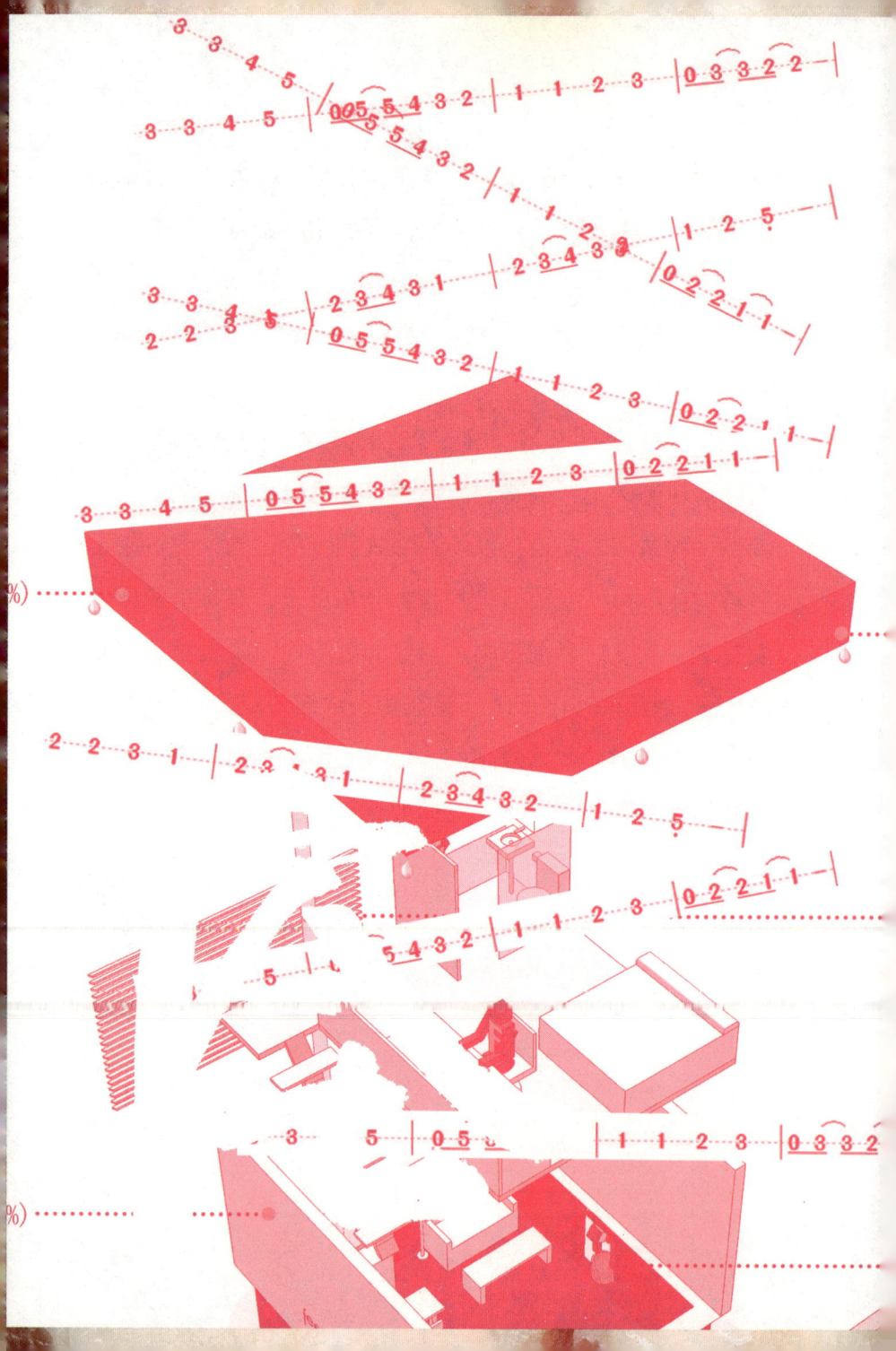

永

肥肉带着梦想与欢乐，成为人之初最朴质的生活梦想。

宛若七月某日的阳光，恰到好处，胀满这一天。

雨天一湖涟漪，阳光席卷城市，微风穿越指尖，入夜每个电台播放的情歌，沿途每

条道路铺开的影子，都是你不经意写的一字一句，留我年复一年朗读。

短信说肥肉

刘晓庆 [演员]

吃一点肥肉可以美容。

程志 [歌唱家]

肥肉是减肥的良药，这是我最刻骨铭心的体验。

杨澜 [主持人]

小时候最香的，是从厨房里传来妈妈炸油渣的味道。油渣是肥肉丁做的，所以我对肥肉从来有好感。

左小青 [演员]

肥肉是很不受女孩欢迎的食物，虽说它有美容作用，那也只是给自己嘴馋找一借口罢了。肥肉就好比恋爱，吃一块两块觉得香，吃多了就腻了。

海岩 [作家]

肉之不肥，味之不甘，甘之必瘾，瘾之必淫。

郎昆 [导演]

地球变暖，人肉变肥，都是要紧的事。

许戈辉 [主持人]

有一类男人，其貌不扬，品次不高，绝非抢手货，但是细致体贴，肯于奉献，真正过日子的好人选——就像肥肉，不仅有美容功效，且一旦离了它，多少美味将变得无味啊！所以聪明的姐妹们，别拒绝肥肉。

赵传 [歌手]

色香味俱全但尽量不让它成为身上的一部分。

绘画　李津

一七令

肉

虞梦令

[诗人]

肉

恐肥，怜瘦

东坡名，霉菜扣

米粉清蒸，咕噜走秀

京酱待丝卷，狮子论头购

时因萝卜伴烧，偶与白菜邂逅

滋身妙法习东瀛，持戒高招参佛透

歌德巴赫猜想以及其他人类核心假设

冯唐

[作家]

每个不小于六的偶数都可以是两个奇素数之和

每个甲型肝炎急性发作患者想到肥肉都想呕吐

每八磅肥肉上放个乳头都能让很多男人变成猪

肥肉

田原（旅日）

[诗人]

健儿食肥肉，

战马食新谷。

——［唐］刘驾《边军过》

被豢养的一头猪

长大了

它快活得活蹦乱跳

犹如我的童年

让脏兮兮的猪圈

充满生气

猪的毛

无论是黑是白还是花白

它们的习性基本一致

饿了哼哼叫

吃饱了睡，睡足了吃

猪吃我吃过的植物

有时也吃我的剩饭剩菜

它们的餐具粗糙

大地是它们的餐桌

也是它们的睡床

面对被囹圄的命运

猪从无怨言

只要有吃的

就会狠狠长膘

感恩主人

跟战马相比

猪的存在微不足道

但若变成肥肉

对于将军、士兵、权贵和庶民

猪会一视同仁

同样作为哺乳类

人类也许很难改变对猪的支配

想象一头头猪被宰杀的惨叫

我真的希望

人类餐桌上的肥肉越来越少

肥肉

车前子

[诗人]

肥是一种白：

肥白。

肉是一种色：

肉色。

"肥肉"的链接：

"白色"。

白色恐怖。

白色是恐怖的，

肥肉不恐怖？

恐怖分子的肥肉，

在红烧后，

又有新语录——

肥是一种大：

肥大。

肉是一种麻：

肉麻。

"肥肉"的链接：

"大麻"。

肥是一种黑：

肥黑。

肉是一种店：

肉店。

"肥肉"的链接：

"黑店"。

肥肉和爱情

赵波

[诗人]

他的情

他的爱

就是一块

肥肉

总有点皮

或者带点精

牵绊，不得安宁

爆炒

热恋时分

起锅

走油

香飘四溢

互相赞美

他皱

她瘦

不知不觉间

变形

若

任意放置

他们

也会发臭

除非冻在冰箱里

砖头是不需要

爱情

和感动的

念及肥肉

欧阳江河

[诗人]

这一身好肉，凭什么如此盈余，

凭什么把增值税算在社会主义头上。

中产阶级的垂涎，没几片肥肉。

你就挑肥拣瘦，

与封建的红肥绿瘦两讫吧。

你就容忍这苍蝇嗡嗡的街景，

弯下减肥药的腰，

用阳光，给生活涂一层瘦肉精。

新闻饿了，却一直在空谈。

更大的空，在更多的盈余里。

吃剩的山河，是金融的鸿泥雪爪

在春天流水席上吃出来的，

一直吃到来世，才有了秋意。
中年的愤怒安静下来，
回到空腹，回到未发育的童年。
盘子里的几片肥肉还是热的，
筷子一夹，顿成白雪。

雪地上留有黑客的足迹。
红尘滚滚的西门庆，
四处打听东坡肉的消息。
但网购的浪子燕青是个素食者。
店小二往碗里打了太多的蛋，
已分不清哪个是双黄的。

因为不知道该称蟑螂为先生
还是女士，月入两万的胖厨师
坏心情持续了一生。
一脸滚刀肉夺刀而去，
三千里砧板，刀刀都是绝学。
而厨房已被扔出星空。

追猪

马铃薯兄弟

[诗人]

我们在雪地上

跟踪一串脚印

一行人的

一行猪的

感谢上苍

没有太阳

也没有雪花

这是我的猪

我敢肯定

跟过

一个山坳

一座石桥

一片结冰的水库

跟进一座

孤独的村庄

跟过

一个冒烟的烟囱

一棵苦楝树

进入一座石砌的院落

一扇香气扑鼻的屋门

一个饭桌

桌边坐着

一个温暖的家庭

一个满足的家庭

他们的肚子轮番发出满意的声音

我跟踪至今

找到了

一堆各式各样的骨头

干干净净的骨头

我开始哭泣

不知因为快乐

还是因为伤心

无题（摄影）
张洹

肥肉的生命

张嘉佳 [作家]

我叫梅茜，是条金毛，一条拼命写字的金毛狗子。

在我的眼里，太阳像葱油饼升起，像生煎包降落。树上挂满绿箭，天空漂浮棉花糖，屋顶涂层巧克力。一到夜晚，红的蓝的黄的糖稀就从天上浇落。整个世界熬成一碗龟苓膏。

有时候你就像一瓶开好的可乐，没有人来喝，却被放跑了所有的气泡。

我认识一条流浪狗，名叫冬不拉。他的目标是成为一条诗狗。我觉着他就是一瓶放光气的可乐，他却认为自己是不需要气的酸梅汤。

自从被主人抛弃后，他就居住在我们小区，寻找写作的灵感。

他说，不是每个男人都需要女人，就像不是每条狗都需要主人。我认为这句话在逻辑上有错误，但冬不拉坚持认为诗狗就应该拥有逻辑错误这种气质。

尽管如此，我至今没有读到他写的任何一个句子。

他说，诗终找到他。

当他翻垃圾箱找食物的时候，我就躲起来不让他看见。他平时很注意形象，会对着河面整理自己的毛发，然而翻垃圾找东西吃，就沾染了许多脏东西，被我看见双方都尴尬。

有天我从家里叼了块肥肉，小心翼翼放在垃圾箱里，用张废报纸盖着，然后假装晒太阳。过了一会，冬不拉来找我，说，梅茜，我交了一位好朋友。

我瞪大眼睛，问，是什么好朋友？

冬不拉扭头对着身后说，小肥，快来，我介绍梅茜给你认识。

然后从他后头，昂首挺胸走出一块肥肉，矜持地跟我说，梅茜你好。

我震惊地连退好几步，差点摔一跤，结结巴巴地说，小肥，你是怎么活过来的？

肥肉骄傲地说，可能刚刚盖在我身上的报纸正好有一篇有关佛教的散文吧。不过呢，这并非能不能活过来的问题，而是有关使命的问题。比如你本来以为我的使命是被吃掉，但是在冬不拉眼里我就有了其他使命，所以必须活过来。某种意义上，生命是需要和被需要的问题。

我晃晃脑袋，耳朵拍到脸上，困惑地说，我几乎听不懂了，绕口令一样的。

肥肉扭动几下，有几滴油顺着他胖嘟嘟的身体淌下来。他说，首先你要了解，使命和生命的关系。我没有活过来，就只能让冬不拉饱一点点。我活过来了，可以慢慢长大，变成大肥肉，然后再死去，就可以让冬不拉完全吃饱。

冬不拉点点头说，我决定带着小肥去其他地方，找到更需要小肥的人，这就是我的使命。

我迟疑地说，小肥，万一你长不大了，一直就这么重呢？

小肥自信地微笑，说，不可能，在我死前，会跟微波炉一样大。

冬不拉带着小肥，郑重地和我告别。一狗一肥肉非常严肃地在小区走了一遍，大概在举行离开前的仪式吧。

他留给我一封信，是他写好的唯一一首诗。

将信交给我的时候，冬不拉忽然哭了起来，泪水四溅。他说，梅茜，等我走了你再看，可能以后我永远写不出来新的诗了。

我紧紧抓着信，一直等到冬不拉和小肥的背影消失在小区门口。

　　我觉得这个世界美好无比 / 晴朗满树花开 / 雨天一湖涟漪 / 阳光席卷城市 / 微风穿越指间 / 入夜每个电台播放的情歌 / 沿途每条道路铺开的影子 / 都是你不经意写的一字一句 / 留我年复一年朗读 / 这世界是你的遗嘱 / 而我是你唯一的遗物

　　我也哭了。

　　我想起来冬不拉之前说的，不是每个男人都需要女人，就像不是每条狗都需要主人。

　　但这首诗，应该就是写给他曾经的主人吧。

　　因为主人，所以冬不拉变成了流浪狗。

　　因为冬不拉，所以肥肉活了过来。

　　因为肥肉，冬不拉终于写出了诗。

　　我大概理解了小肥说的那段绕口令。

　　他的意思，我们的生命因为别人而改变，接着去改变别人的生命，当有一天回过头来，那些绵延不断的故事就是使命。好比可乐哪怕放光了气，一样可以煮鸡翅。

　　那，小肥，希望你可以长得很大很大。

有个少年名叫肥肉

朴尔敏 [专栏作家]

　　北宋熙宁四年，我在西子湖边卖扇子；各色人群往来穿梭，构成后来的《清明上河图》。

　　我叫肥肉。我恨爹娘赐予的这个名字。我在耻笑声中活了十五年，直到一天，有个白云般轻盈的女子来买团扇，她离开的时候看了我一眼，说："《孟子·梁惠王》曰：'庖有肥肉，厩有肥马。'——你也是一个典故。"

　　原本艳阳普照的西湖突然下起了雨。我在她的瞳孔中看到一个翩翩少年独立于潋滟波光之上，他通体透明，任由她在心里种下一滴泪。山水迷蒙，没有人知道我已经重生。

　　随后，西子湖风平浪静。歌妓们争相吟唱："水光潋滟晴方好，山色空蒙雨亦奇。"我把这首《饮湖上初晴后雨》

308

抄在折扇上，扇子因此卖得很快。我并不知道，这首词的作者，那个叫苏轼的男人，也是上天派来赐予我重生的，他的呼吸已离我很近。

接下来的几天我筋疲力竭。改变我一生的云样的女子，陪着改变我一生的叫苏轼的男人，吟着诗，饮着酒，不断乘舟在我面前晃来晃去。我在人群中奋力跳跃，希望她能看到我，我渴望从她瞳孔中找到那个叫肥肉的翩翩少年，最后却见她挽着行囊离开教坊，去做苏家的侍女。

我决定去苏家做小厮。我叫肥肉，没人知道历史上有个叫肥肉的少年，史书上只记载了苏轼和王朝云。那年他三十八岁，她十二岁。

和朝云共居钱塘苏府的六年，是我一生中最幸福的时光。朝云常对我说："肥肉，你看谁有苏先生的气度？身长八尺三寸，为人宽大如海。"我回她："朝云，仕途才深如大海，先生走的是官道，官道比蜀道还难。"

如果你听出了我的私心，为何不替我告诉朝云？

十六岁那年的朝云如出水芙蓉、空谷幽兰。她端着琵琶在院中唱苏轼写的《江城子》和《蝶恋花》，泪流满面，弦断音喑。我很气愤。"十年生死两茫茫，不思量，自难忘"，那是他在怀念过去的女人；"墙里秋千墙外道，墙外行人，墙里佳人笑"，那是他在觊觎陌生的女人。关你鸟事？

瘦死的骆驼比马大。即便被贬谪的苏轼，亦是娇妻在堂，侍妾环绕。十九岁那年，埋在我心里的汩滴和荷尔蒙一起翻滚。我想带着朝云私奔，可还没想好怎么开口，那个叫苏轼的男人已经收她为家妾之一员。我心里的那滴泪，顿时成了血囊肿。

但我并不死心。妻不如妾，妾不如偷，苏轼还在不断结识新的女人，枕边新欢不断。我想朝云终有一天会明白，我才是对她最好的人。我需要一些时间，以及一个机会。

元丰二年，苏轼写了一些反动的诗，宋神宗念他有才，饶他不死，但也不想再看他在杏花江南享乐，便任他为黄州团练副使。所谓团练副使，就是专门用来安置被贬官员的杂岗，穷得要把大钱挂在房梁上数着使。苏轼的一些侍妾这时纷纷离去。做黄州副使，还不及在钱塘卖扇子。我想我的机会来了。

如你所想，我死得很难看。从此我失去了和朝云做普通朋友的机会。她执意跟着苏轼去那个一穷二白的土疙瘩。我给自己一炷香的时间作取舍，香刚燃了一半，我决定：我很贱。

黄州跟钱塘的区别简直是地狱和天堂，吃不饱穿不暖，更让我悲恸的是，那个云样的女子再也不正眼看我。奇怪的是，从绫罗锦缎到荆裙布衣，她居然经常微笑。她的笑让我觉得，有非常可怕的事即将发生。

我的直觉很准。元丰六年，二十二岁的朝云为四十八岁的苏轼生了个儿子。老祖宗告诉我们：如果一个女人为一个男人生了孩子，别的男人基本就没机会了。我的心像黄州的石头一样枯冷，只好独自跑到赤壁红岩前大哭一场。我的泪被黄土恶狠狠地吞噬。不远处，一个白发老男人正和他的朋友"以小舟载酒，饮于赤壁下"，念他丫的《念奴娇·赤壁怀古》。

正当我觉得自己活得连个臭屁都不如时，我又有了一个机会。

苏轼很穷，而黄州的猪肉很便宜。朝云买不起鸡鸭牛羊，便到菜市找了些当地人都不知道怎么煮的肥肉来烹制。可能是水土原因，无论她如何捣鼓，猪肉的味道都不好。苏轼吃了连连摇头，朝云的眉头便不再舒展。这让我心如刀绞。

传奇故事里无论铸剑还是烧瓷，要成就一样绝世尚品，最后往往要以血祭炉。我突然悟到：当年爹娘为我起名肥肉，是否早就暗示了今日的结局？

当我告诉朝云我可以替她烹制美味的肥肉时，她居然用久违十年的眼神看着我，脸上甚至带着笑意。这让我心里的那滴泪重新沸腾，我坚信我二十多年的存在，只是为了今日的使命。在黄州的冷风中，我关上柴庐的门，将锅烧温，投足酒、冰糖、酱油和姜末，然后将自己也置身锅中，变成一只只整齐的肥肉块。

这天晚上，朝云和苏轼终于吃到了满意的肥肉。苏轼又作了一首诗："黄州好猪肉，价钱如粪土，富者不肯吃，贫者不解煮。净洗铛，少着水，柴头灶烟焰不起。待它自熟莫催它，火候足时它自美。"诗名叫作《肥肉赋》。算他有良心，我认为他是在为我超度。

后来人却不知道"肥肉"本身就是一个典故，他们总说"东坡肉"。真的很没文化。

只有朝云，突然大喊起我的名字。她四处让人找我，没有人能找到我。我在昏暗的油灯中看到她的眼角湿了一下，我感动地躺在她的碗里哭了。我原谅了她，原谅了苏轼，也原谅了我的父母。

从这天起我得到了永生，并和朝云相伴不离。那是历史上的北宋，有井水处皆吟柳词，有苏轼处便有朝云。朝云因为悉心烹制肥肉的苦心，得到了苏轼的尊重和爱。但苏轼始终未娶她为正妻，这让后人非常不解。

其实，那是我在冥冥中施展的愿力。那是一个名叫肥肉的男人为自己保留的最后的自私。现在我是一个妖，请你守住这个秘密。

千年过去。今天当你吃"东坡肉"的时候，希望你记得的不只是苏轼。

你可以不知道曾经有个少年叫肥肉，但你必须知道曾有个女子叫作朝云。

【作者按】王朝云，字子霞，钱塘名妓，传说中"东坡肉"的创始人。

十二岁认识苏轼，后被收为侍女、侍妾。追随苏轼终身，包括他被贬谪黄州和惠州两段最艰难的岁月。公元一〇九四年客死惠州，亡年三十四岁，葬于惠州西湖。曾产一子，早夭。终身未得"苏夫人"名分。

临终前执苏轼之手诵《金刚经》四偈："一切有为法，如梦幻泡影，如露亦如电，应作如是观。"苏轼为其撰墓志铭："浮屠是瞻，伽蓝是依。如汝宿心，唯佛是归。"

本文假借一名暗恋王朝云的少年之立场，重温这段和肥肉有关的爱情故事。除少年为杜撰外，余事皆有史为据。

唇膏

吴聪灵 [记者]

　　舅姥爷系紧棉裤，两手揣进棉袄袖笼里，挺起胸脯走到村口。

　　腊月的太阳很好，老墙根已蹲了很多老人。他们聊天，捉虱子，骂娘。

　　老人们面色枯黄，舅姥爷也一样。但他的嘴唇明晃晃，亮得异常。有老人就凑过来端详："个小龟孙胡二，今天又弄好吃的啦？"

　　舅姥爷眯起眼睛一笑，抿了抿嘴唇，咽一下口水。"没吃什么，就是红烧肉嘛！"

"红烧肉？你家哪来红烧肉吃的？！"

舅姥爷此语一出，原先萎靡的老人们立马振奋起来。一阵急慌慌咽口水的声音过后，个个伸长脖子向他凑过来。

舅姥爷腰杆更直了，他狠狠清了下嗓子："二闺女婿今天来，带肉弄吃的！"

"啊？小龟孙有福啊！这女婿比儿子还孝顺！"老人们的目光纷纷投向舅姥爷，像在抢夺一碗红烧肉。

舅姥爷只是笑。他伸出舌头舔了一下嘴唇，那双唇顿时暗淡了不少。

他正欲开口再说话，却打了个响亮的嗝。伴随着打嗝声出来的，是生蒜味儿。

没有肉味。

剃头匠李光头猛地嗅了几口，突然伸手摸了一下舅姥爷的嘴唇，凑到自己鼻边又是猛嗅。"咦，你吃肉还是吃蒜的？怎么打嗝闻不到肉味儿？"

边上打铁的老刘取笑李光头："哟，你吃不到肉，能闻闻肉味也舒坦啊！"

其时，舅姥爷家里，我正站在凳子上试图够到檐下的吊篮。我失败了，摔倒在地，磕破了嘴唇。我的哭声招来很多人，包括舅姥爷。

"丫头想偷什么吃的哎？跌倒唠！"

我泪沉沉剜了他一眼："我也想拿肥肉擦擦嘴，凭什么你擦不给我擦？"

舅姥爷脸上红一阵，白一阵。满屋子乡邻都不知怎么散去的。

没人去碰那吊篮。那里面有一小块肥肉，是舅姥姥去帮活时偷偷带回来的。

后来，他再没拿那块肉擦过嘴——面子比里子更重要。作为擦锅润滑之需，那肉一直擦到了春节，才被分几顿吃掉。

此刻，我坐在车上。对面不太年轻的女郎对镜化妆，把双唇涂得猩红。她撅唇、翘唇、咧唇，旁若无人。终于完工，她完美的双唇像从一次热烈的亲吻中刚刚解放。

环顾左右，女人们的唇都涂满了致命的诱惑。

突然想到舅姥爷，才惊觉这世道变迁，曾令老人家尴尬半年没脸见人的一次造假之举，如今，竟成时尚。

疑似小说：肥肉

郭平 [学者]

大猪已横陈在巨大的肉案子上，从开了的腔膛里徐徐滑出热气，沁人心脾的血的甜味。月亮从东边徐徐滑起，来看庭院中央的猪和人。

人是刀手和买肉者。刀手一手倒提一把大斧、一把大刀，二者时时碰撞，发出动人心弦的声响。买肉者各执容器，环伺四周，远远的，冷眼看那活猪一般的刀手，偶尔侧脸俯瞰一下脚边的瘦狗。

刀手的烟在左嘴角叼着，便把左眼眯了。先放大斧在案上，举起大刀在月光下看，接着用此刀在大猪屁股上拍打两下，微侧刀身在猪后腿上迅速一走，顺势就切入大腿，有声无声之间，大猪一条腿便豁然而解，接着是另一条后腿、一条前腿、另一条前腿，接着是小腿、脚爪、头、尾巴。

下水固然早已不见，四条腿、头、尾巴也被刀手扔到案下大盆里。案子上留下的是两大片猪肚子和那一把大斧。皮是朝上的，大猪的奶头鼓钉似的，竖着。

刀手这回举起大斧，正待举斧，却松下身形，趋近大猪看，拿手捏捏猪奶头，一个一个地捏，说："漂亮！奶头下面就是肥肉，好肉都在奶头下！不会错的！难道不是吗？"他看四围的人。

"正是正是，好肉都在奶头下！"众人哗然齐道。

有一毛孩子突然问："为什么好肉都在奶头下？"

刀手笑："嘻嘻，哈哈，这道理，等你大了，便自然懂得。"一指小毛孩子的爷爷："老爷子，年纪大，你先来，说，要怎样的？"

爷爷把烟锅递过去，被刀轻拨到一边。爷爷说："要那奶头下的。"

"好说。"刀手同意，并做了，切出两块方肉来，一块上面一只奶头。

爷爷再三说了谢，鼻子里唏嘘着，一手拉着孙子，一手提着那两块奶头下的肉，走出庭院。

薄雾如纱帐，飘飘下来。月亮不觉早已高起。

小毛孩子忍不住要看那两块肉，看了，却道："咋一丁点儿瘦肉都没有呢？"

"要的就是这肥肉。"爷爷道。

"为啥？"

"肥肉就是穷人的命，有肥肉吃穷人就有了好命，穷人要有好命就得有肥肉吃……你记下了？"

"记下了。肥肉就是穷人的命。"

归家路远，肉想来早已卖完，刀手也早回屋。因为他婆娘杀猪似的叫喊声正在夜里响起。

月亮早不觉间又高，白花花的了，好像肥肉一般。孩子把肉高高举起看，白花花的肥肉，好像月亮一般。

肥肉

麦家 [作家]

肥肉，在我家乡不叫"肥肉"，叫"油肉"。"红烧油肉"那是我少年最珍贵而幸福的记忆，暗红色，油汪汪，香喷喷。绵密的香气仿佛是有魔力的，穿越几十年的时空，依然是世间的最香，记忆的最美。

但我家乡照样有"肥肉"这个词，只是它指代的对象与本原已有云泥之别。是什么？白胖白胖的中青年女子！若只是胖，不白，年纪超过五十岁，是不配被称之为"肥肉"的——这样的女子统称为"胖女人"，细分为"胖囡""胖嫂""胖婶"等。而"肥肉"就是要又白又胖，有年龄优势，白得洁嫩，胖得紧胀。人过五十，肌肉失去弹性，白而不嫩，胖趋臃肿，"肥肉"就成"胖女人"了。从某种意义上说，"肥肉"是个色情词，给男人带来现实的冲动和浪漫的想象空间。萤火虫漫天飞的夏夜，我总是可以听到男人们对某个"肥肉"的津津乐道。我记得清楚，我的堂兄曾这样说过一位"肥肉"："跟她睡觉一定像睡在乌篷船上一样舒坦啊。"

　　不论是"油肉"的肥肉，还是我家乡特指的"肥肉"，我想三十年前它（她）们都是人们的梦寐以求，但今天都成了我们的摇头。由此我相信，时代确实变了。

绘画 李津

肥肉流浪记

郑郑小囡　文
洪亦涵　图
[小学生]

　　肥肉很伤心，它越来越不受人们欢迎了，连黑猫都眼睛红红地看着它，一副胃口不好的样子。

　　肥肉决定离开地球，到别的星球看看去。它带着长途旅行必需的物品，出发。

　　肥肉来到了金星。一个长着金色小脚丫的女孩正在打瞌睡，一见到它，马上把它枕到了自己的头下。女孩说："我还没有用过这么香软的枕头呢，一定可以做个又香又甜的梦。"肥肉说："其实我是可以吃的……"女孩说："我的体会是，吃得太饱了，梦想就少了，我还是喜欢饿着一点。"等女孩进入梦乡，肥肉赶紧悄悄地溜走了。

　　肥肉又来到了木星。一个穿着木头裙子的男孩问它："你可以做我的朋友吗？我觉得很寂寞。我听说朋友就是两片连在一起的肉，当一片肉离开时，另一片肉会觉得痛。我需要这样的朋友。"肥肉说："其实我是可以吃的……"男孩说："我不想吃你……"

　　肥肉又来到了水星。令它大吃一惊的是，它居然在这里
遇到了灰太狼。难道说，灰太狼在地球上抓不着羊，就到水
星上来了？可在水星它更没法生活啊。灰太狼说："我是被我
老婆红太狼一平底锅打上来的，我还会回去的，我还要继续
我的抓羊事业。"肥肉说："其实我是可以吃的……"灰太狼说：
"我和我老婆已经不吃肥肉很多年……"灰太狼走了，肥肉只
好继续它的旅程。

肥肉又来到了火星。火星上有火车，列车员一看见肥肉，高兴地说："太好了，终于有人来坐火车了。多少年了，你是我接待的第一位乘客。"肥肉问："那你们星球的人呢？"列车员说："我们早不坐火车了，我们都坐火箭。我们星球的人认为，只有傻子才会坐火车，聪明人都坐火箭。"列车员刚一说完就捂住了嘴，不过肥肉觉得无所谓啦，重要的是它要告诉列车员它是可以吃的，可列车员说："我吃了你，谁来当我的乘客？"肥肉只好坐着火车从火星来到了土星。

　　土星的人们正在载歌载舞地过土节呢，地球来的肥肉被当成了装饰戴到了舞者的头上。肥肉说："其实我是可以吃的……"可土星人跳得正开心，根本听不到它说什么。

　　肥肉又来到了星球 B-612，这是小王子居住的星球。小王子一见到肥肉，就把玫瑰种了上去，他深情地说："我终于为我的玫瑰找到了一片肥沃的土壤。"肥肉说："其实我是可以吃的……"小王子说："你怎么可以这样说呢？我怎么可以吃你呢？你是我的玫瑰的土壤啊。"肥肉只好再次离开，它怕被小王子发现，一步一步往后倒退着，不小心滑了一跤，直往下掉去……

　　肥肉掉啊掉啊，过了好久，扑通一声，竟然掉进了一座大海里。只有地球才有大海，肥肉叹息一声："啊，我又回来了！"一个女孩托着它，并帮它拉着行李箱，把它救上了岸。

"你去哪儿了？我们好久不见你了。"人们问肥肉。"你在的时候，我们不觉得。你离开了，我们吃饭就觉得少了一种滋味。"人们说。

　　"我们今天中午就吃肥肉吧，好吗？"小女孩的提议得到了热烈的响应，人们为庆祝肥肉的归来，跳起了快乐的舞蹈。肥肉也神采飞扬、满面红光，它高兴地想："嗯，我终于被吃了……"

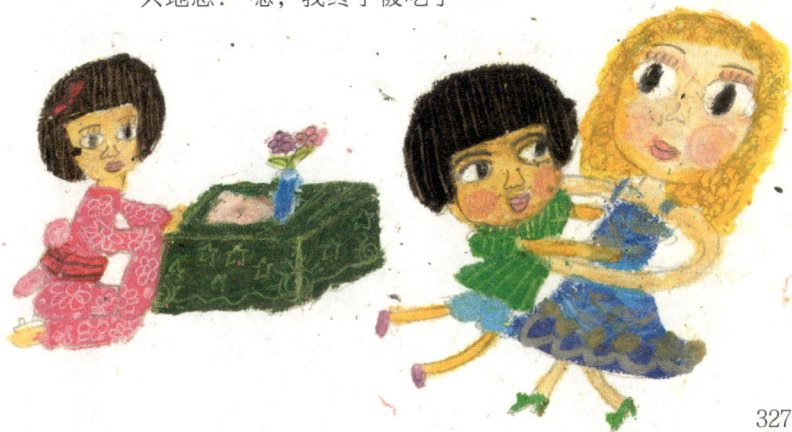

肥肉语录

朱润 [小学生]

关于肥肉，众说纷纭。

每天去菜场买菜的王阿姨："现在肥肉价格的增长速度开始和房价同步了，贵得一塌糊涂。"

极其热爱肉食的同学："我妈昨天烧的红烧肉，味道顶好，打我耳光我都不放筷子。"

爱管闲事的班主任："徐同学如果你再这么吃，你脸两边的肥肉都要耷拉下来了。"

止在减肥的吴日领："肥肉？掌走掌走，油油腻腻地我还减不减肥了，我身上的那圈肥肉能割下来卖就好了。"

老顽童陈外公："年轻的时候苦啊，吃不到肥肉；现在不苦了，吃得油水太多，血压高了。"

小陈："小时候不懂事，父亲拿回来要吃一年的丁点儿肥肉，我还高兴得尖叫，瞥见父亲他老人家一脸无奈哭笑不得的样子。"

小陈的妹妹："小时候好不容易吃个肉包子，吃完了前面的面皮，不舍得吃那块肉，想把后面的面皮先吃完，结果把包子转个身，那块肉竟然掉下去了。"

患有厌食症的模特："好莱坞明星为了躲狗仔把家里的窗帘拉得不透风，说是都不记得上次看到阳光是啥时候了。现在我也不知道我上次吃肥肉是什么时候，好像是……半年前？不对，七个月前。"

王厨师："肥肉是荤菜里的水果，可以焖着吃，炒着吃，煮着吃，炖着吃，撒点盐生吃，烧汤吃，肥肉三明治，肥肉通心粉，大概……就那么多了。"

朱编剧："一块肥肉所引发的血案，敬请期待。"

某国家队队员："在职业生涯里，足球运动员是不吃任何肥肉的，我们非常努力地遵守着营养菜谱，越吃越瘦。"
画外音：你吃瘦了，中国足球饿了。

联合国公务员："联合国公务员这个工作就像一块肥肉，联合国就像一座堆满肥肉的坟墓，我们到里面工作之后，舒服得都不想出来了。"

无法评价的肥肉

桑子意 [中学生]

　　肥肉，肥肉，平时谁会去想它呢？油光光、软塌塌、不停地颤抖……见到它的大多数情景已经是在盘子里，一种让人不太舒服的食物，尽管厨师们想尽方法烹饪，把它隐藏在丰富的佐料与工序中，希望这自古以来人类甚为亲密的食品不要轻易退出美食历史，但是我们不得不说它依然是餐桌上的冷门。

　　肥肉它是长出来的呢！是先一口一口吃，然后一点一点长，也是辛辛苦苦来之不易的，长在身上不光为人保暖，还能与皮肤一起保护人的身体，比如摔跤，如果在肥肉多的地方就是疼一阵子，少的地方没准就骨折啦。但是很少有人愿意想到它的好处，一般都不喜欢它，人们谈"肥"色变，"减肥"成为当今人生绝对目标之一。不信？打开任何网页，右边肯定有减肥广告，五花八门，永无止息，誓与网络共存亡。肥肉，就意味着丑、难堪，甚至病态。可对人们的不公，肥肉们却从没抱怨过，一直陪伴着你，就算朋友亲人离开了你，它还是会紧紧跟随着你，一直跟你到天涯海角，跟你到灰飞烟灭，至死方休。肥肉它包裹着我们的身躯，像近卫军守护着我们，悄悄在角落里呢喃着它们小小的希望——公平的评价，但是却从来没有实现，因为它们一生都只是配角的配角，没有选择的权利。

很多小孩挑食，大人们却经常胡言乱语，说我们不喜欢肥肉是因为我们生活在中国最富裕的太平盛世，丰衣足食，不知贫穷的滋味。可是，我很少见到叔叔阿姨对食物的珍惜与感恩，电影里常常有一身滚圆的成人们淹没在杯盘狼藉中，冷漠的目光从肥硕的眼皮下断断续续流出，就像肥肉被压榨出油一样。反正，除了相扑运动员，日常生活里的人们都不喜欢肥肉，不管是碗里的，还是身上的。

我觉得肥肉好可怜，可我同样也不喜欢它。最近我胖了，一听到有人说我胖，心里就发紧，酸酸滋味浑身乱爬。今天写下这些文字，怎么笔下变得彷徨，我不该想它不好，可又真不想它"粘贴"，我更想"删除"它。我们应该怎样评价肥肉？

吃肉的日子

蒋方舟 [作家]

开始减肥之后，我的人生就走入"吃"的迷宫，再也出不来了。

一方面每天在日历上给自己下残忍的指令："从今天起吃一周黄瓜。""吃淀粉你就死定了。""从明天起连苹果都不能吃了，只能喝水。"每天嘴里淡出鸟来；另一方面，又狂热地四处寻觅描写食物的文章段落，任何一点关于滋味的形容对我来说都刺激强烈，就连看到《红楼梦》里描写迎春"鼻腻鹅脂"都忍不住流口水，诗词里有"红酥手"，我馋道："是下酒菜吗？"

食物描写到了极致，是能让饥饿的人觉得胃部受到猛烈击打的。我总是捂着空荡疼痛的大胃袋入睡。睡前，吧嗒着嘴怀念着童年的食物，希望能梦回那一段百无忌吃的时候。

所有目睹我成长的亲人都说，我最爱吃的菜是粉蒸肉。

每年过节，全部的亲戚都会到我的一个伯伯家里聚餐。伯伯善于做肉，一桌的食物里一般只有几道的素菜——是专供忆苦思甜的，其他全是各种他们小时候垂涎而不得的大鱼大肉。每当吃到中场，主厨的伯伯就端出一锅用豆腐乳的汁儿蒸的梅红粉白的粉蒸肉，放到我面前，并且向全桌人宣布这是我最爱吃的菜。

　　我被鼓励着多吃肥肉，为了显示自己的识相懂事，我索性夹掉所有的瘦肉，只吃大块大块白花花的大肥肉。众亲戚看到我完成了他们的童年梦想，总是发出一片惊叹和唏嘘的夸奖声，在啧啧声中，我愈发头脑发热得意忘形，最后停嘴一般都是被我爸妈惊恐地强制把肉端走——亲戚们纷纷表示不满："让她吃，让她吃。"我也犟头犟脑地跟着起哄："让我吃，让我吃。"酒桌上别人都炫耀着自己的酒量，我炫耀着自己吃过量胆固醇的能力。

　　其实，面对那一大搪瓷锅的粉蒸肥肉，吃到第六七块的时候，我自己也有发腻恶心的感觉。吃肥肉的表演带来的虚荣心满足感，远远大过味蕾上的致命吸引。

　　而我吃过的真正好吃的肥肉，是在绍兴吃的梅菜扣肉。肥肉和梅干菜夹在小馒头里，一口下肚，身上每一根脉络就觉得瞬间得到温柔抚摸，我一个人可以吃一大盘，觉得食物顶到咽喉了，站起来跳跳脚再接着吃。我在绍兴的一个星期每顿一定要有这道菜，每次吃都有醍醐灌顶的幸福感，吃了二十几顿竟然没有生腻，临走时还对这道菜恋恋不舍。

吃肥肉对我来说，已经是"知逝者之不可追"了。我减肥之后，总是在开饭前向全桌宣布"不食一切众生肉，食肉得无量罪"——为了防止饭桌上被人劝肉。

我忽然对这种每一口咀嚼都换算成糖分、脂肪、胆固醇、碳水化合物以及卡路里的日子觉得沮丧。大口吃肉的日子，它已经沦为年少轻狂的童年回忆了吗？我已经沦为只能羡慕嫉妒地怂恿饭桌上的孩子大口吃肥肉的中年亲戚们了吗？

减肥满一个月的日子，我为了庆祝，去了一家眉州餐馆，我没看菜单直接点了东坡肉。盖子缓缓打开，我却觉得它没有我记忆中的肥肉那么震撼。肥肉最大的美感，就在于它刚刚上桌时候颤颤巍巍的美姿美态，我色迷迷地欣赏了一会儿它畏葸娇羞的颤抖，然后两三大口把它吃掉。

在经过了很多很多的岁月之后，我终于久违地再次吃得像个少年。我一边吃一边半发泄半自我劝慰恶狠狠地想："吃是罪，但不吃是原罪。"

肉沙发

陈卫新 [室内设计师]

儿子小时候喜欢躺在我的肚子上，称我为肉沙发，而且是高级的。我想他是真心在赞美我的，作为一个室内设计师，我为我的身体能够直接成为儿子的高级家具而自豪，同时也为不知道软体沙发准确的萌芽时间而惭愧。我记得当时就查了些专业书籍，但大都说不清楚，只是告诉我一些技术数据，后侧角5°~7°，座面与靠背夹角106°~112°等等。为了更合乎沙发的称谓，我还特意为儿子调了调角度。

后来看多了人在沙发上恣肆的坐姿与浮想翩翩的笑容，

我想我找到了答案，那一定与肉欲有关，人类喜欢柔软的东西，是肉当然更好。如果说是肉欲催发了软体沙发的诞生，那么批量生产的沙发是否也间接地摧毁了男人关于肥胖的美女观呢？不好说。虽然人浑身上下无一处不是包裹着肉，但是还是觉得不够舒坦，无论是坐着还是躺着，还是希望陷在"温柔梦乡"里。为了增加弹性，在沙发制造技术上，可以加密弹簧或是填充高密度海绵，但没人想过给臀部加上点肉。有肉的屁股不怕坐，钱锺书先生所言，在某种意义上，一个好屁股比一个好脑袋更重要，一个善坐耐坐的屁股是成为一个知识分子的必要条件。有肉的屁股也就是随身的沙发，伟人说，屁股就是根据地，真的智慧啊。

有人说怀才就像怀孕，时间久了就看出来了，怀肉也一样。负责任地讲，我不能把现在"肉感"的形象，推说与当初儿子的那番鼓励有关，当然，长成大小伙子的他也不忍躺我这肉沙发了。沙发分类中，肉沙发属"全包沙发"，即所有构件都被软包包住的沙发。我的构件早就不如从前，除非他恨我。

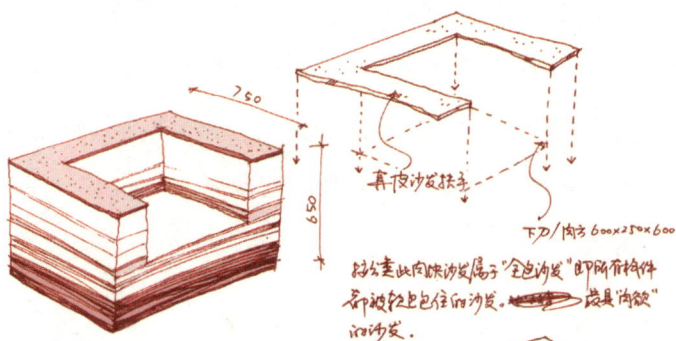

750

650

再沒沙发扶手

下刀/肉方 600×250×600

好公喜此肉快沙发/属于"全包沙发"即所有构件都被包上包住的沙发。……就是"肉额"的沙发.

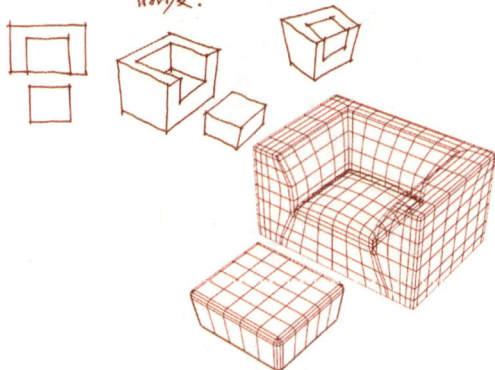

吃肉补肉。记得一本老书里说，荷花蒂煮肉，精者浮，肥者沉。不知真伪，只是觉得有趣，这一定是哪个矫情的文人干的好事，分出浮沉干什么，吃精的，还是肥的，不知道。所以每每想到吃猪肉，就不由不想起荷花与荷花的蒂。清炒荷花蒂是吃不成的，"疏远肥腻，食蔬蕨而甘之"的高尚意趣，我恐怕也是做不到了。肥肉面前人人平等，有"肉欲"没有"肉胆"的，或者没有善坐耐坐的屁股的，大可以找一个肉感的沙发，坐着，那也是一种状态。

F 先生的房子——肥肉

梁凡 [建筑设计师]

F 先生一直想减肥，但从没成功过。这次 F 先生痛下决心，一定要让身边的朋友对自己刮目相看一回。

于是他开始动手改造自己的房子，遵循着"皮（10%）+ 肥（60%）+ 瘦（30%）=100% 完美肥肉"这一真理，最终改造成了一个他最喜欢吃又最不愿面对的肥肉房子。

房子是复式的，一楼比较瘦，二楼比较肥，屋顶会滴油。

10% 皮——屋顶。屋檐下有 8 个滴油小孔，通过管道直接连接到一楼厨房的抽油烟机。若多吃肥肉，进出门随时会被这些吸到屋顶的油滴到身上。时间长了屋外会有一地油，这算是一种带有自虐倾向的体罚。门前贴一标语：生人勿近——漏油。

60% 肥——二楼。二楼要少待，床和电脑这类致肥物质都在二楼。二楼没有一点瘦的色彩，只有白晃晃的一片。

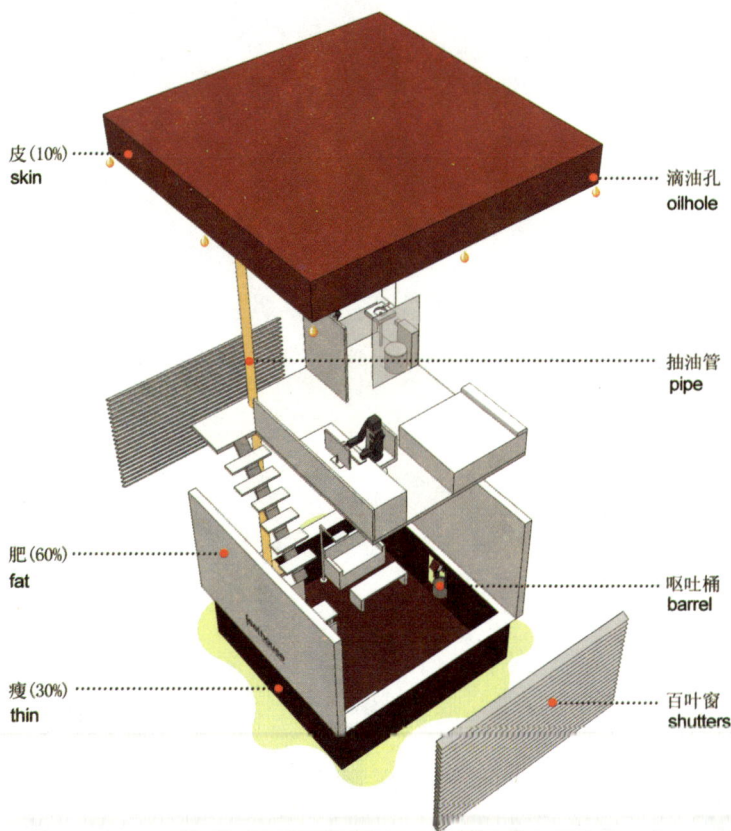

皮（10%）····· skin

滴油孔 ····· oilhole

抽油管 ····· pipe

肥（60%）····· fat

呕吐桶 ····· barrel

瘦（30%）····· thin

百叶窗 ····· shutters

分解图

顶视图

肥肉主透视

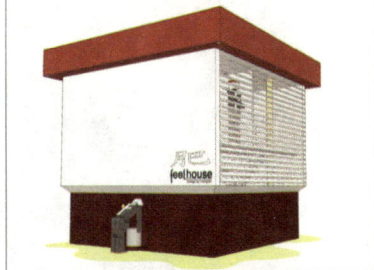

透视 1

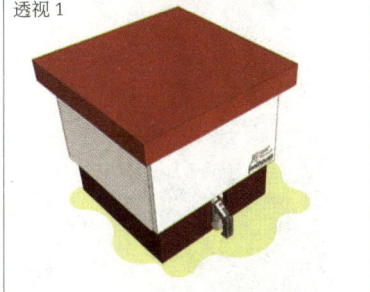

透视 2

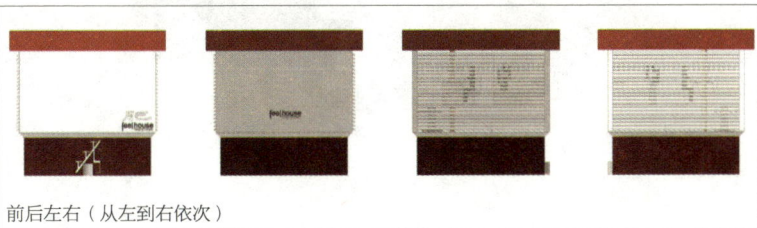

前后左右（从左到右依次）

两侧墙壁各有一扇大百叶窗。这些百叶窗可以随风上下摆动，忽快忽慢，远看如同肥肉在颤动，让这个本来就很肥的房子腻了起来。觉得腻以后，F 先生就吐了。

30% 瘦——一楼。吐，也是减肥秘诀之一。F 先生专门在门口放了一个桶。什么时候看腻了这块大肥肉就弯腰扶桶一吐，吐完跨桶而入。F 先生决定把看了肥肉就吐养成习惯，至少对这个肥肉房子来说，不吐是进不了门的，因为门的高度只够弯腰扶桶，直着身肯定进不去。

一段时间的多吐少睡以后，F 先生感觉体重略有下降，但已有些吃不消了。F 先生趁自己还挺得住，赶紧通知他的朋友来看看自己的减肥成果。

F 先生的朋友进房子的时候都扶着桶吐了。他们完全没感觉到 F 先生哪儿瘦了，反而觉得这个肥肉房子让他显得更胖了。最后他们是否对 F 先生刮目相看不得而知，但全部都"士别多日"。还有人发誓要是 F 先生不改造这个肥肉房子就永不来访。

这让 F 先生深感肥之恐怖，他沮丧地发现肥肉房子并不能解决减肥这个世界难题，他决定去吃顿他最爱吃的肥肉寻求安慰。

肥肉之歌

蝎子蓝蓝　金泽椿 [诗人 歌手]

音乐：鼓，贝斯

设计说明：

现场演出的时候将在现场放置一张屠夫的案台，一块肥肉，一把砍肉刀。架子鼓放置在案台附近，鼓手率先登场，持刀剁肉，发出刀砍肉的声音，同时使用架子鼓发出刀砍柔道的声音，同时贝斯手出场，配合鼓手，以低音贝斯的大调配合，发出肉被刀砍的声音。两个乐手开始一段有音快音慢的对话，呈现出刀与肉之间的故事。在对话之中，主唱开始以念经的吟唱方式诵读以下歌词：

主唱（词）：

肥肉	瘦肉	五花肉		肥肉	瘦肉	五花肉
肥肉	瘦肉	五花肉		肥肉	瘦肉	五花肉
肥肉	瘦肉	五花肉		肥肉	瘦肉	五花肉
肥肉	瘦肉	五花肉		肥肉	瘦肉	五花肉

此段音乐由鼓手将情绪初步引致至高点，鼓点越发急促，带动主唱的吟唱，可考虑使用事先制作好的 midi，配合此刻将吟唱呈现出层次感，让现场的观众被诵读的声音紧紧包围，控制观众的呼吸。鼓手、贝斯及主唱在制高点同时停住音乐。鼓手改换鼓点，加入吉他，带来本歌的主旋律的前奏。

音乐：鼓，贝斯，吉他

曲谱：

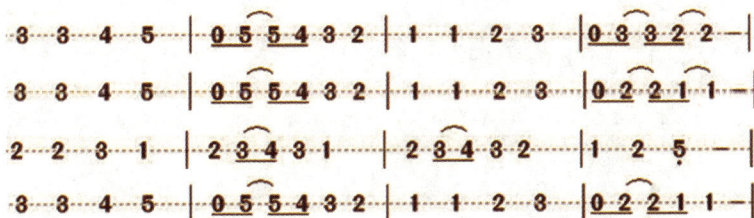

序曲演奏完毕后，鼓手、贝斯及吉他同时停住音乐，由钢琴手来一段独奏的 solo。如下：

音乐：钢琴

曲谱：

3-3-4-5｜0 5 5 4 3 2｜1-1-2-3｜0 3 3 2 2－｜

3-3-4-5｜0 5 5 4 3 2｜1-1-2-3｜0 2 2 1 1－｜

2-2-3-1｜2 3 4 3 1｜2 3 4 3 2｜1-2-5̣－｜

3-3-4-5｜0 5 5 4 3 2｜1-1-2-3｜0 2 2 1 1－｜

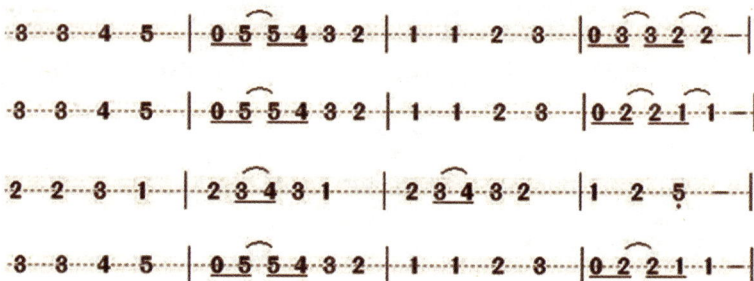

序曲演奏完毕后，鼓手、贝斯及吉他同时停住音乐，由钢琴手来一段独奏的solo。如下：

音乐：钢琴

曲谱：

3-3-4-5｜0 5 5 4 3 2｜1-1-2-3｜0 3 3 2 2－｜

3-3-4-5｜0 5 5 4 3 2｜1-1-2-3｜0 2 2 1 1－｜

2-2-3-1｜2 3 4 3 1｜2 3 4 3 2｜1-2-5̣－｜

3-3-4-5｜0 5 5 4 3 2｜1-1-2-3｜0 2 2 1 1－｜

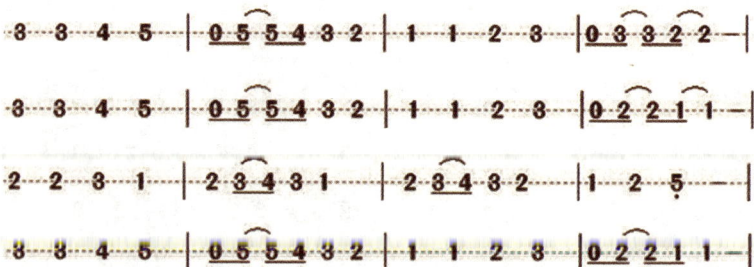

钢琴独奏完成后整支乐队完整地加入一起演奏交响版本的旋律风格。

音乐：完整乐队

曲谱：

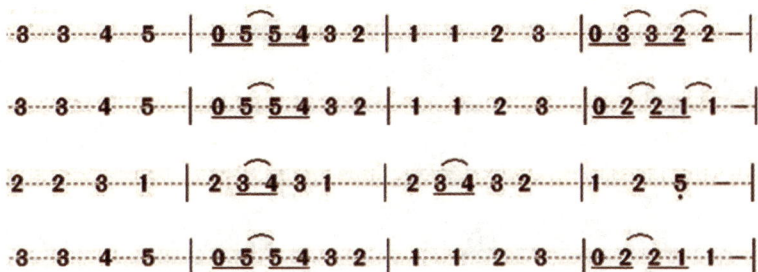

此段开始主唱正式开始演唱歌词：

歌词总共两段，将会 double 两次，分别将在演奏的时候交换不同的版本：交响、爵士、金属、放克等即兴演奏的成分（最终等排练再定）

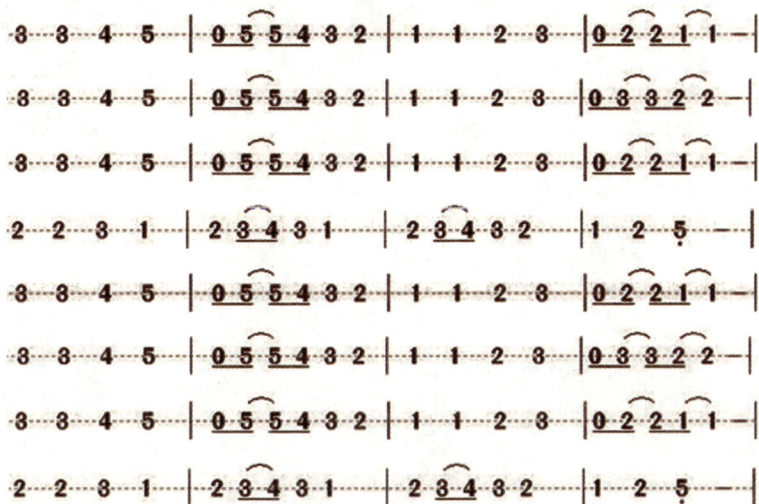

音乐将会在最激烈的演奏风格下戛然而止，只剩下鼓手与贝斯继续对话，在一段越来越弱的演奏中，主唱款款而出，吟唱最后一句歌词！

音乐：鼓，贝斯
主唱（词）：愿天下人都有肥肉吃。

创作小结：
这是一个痛苦而有趣的经历，
一个随性而至的念头，
一份突如其来的邀请，
于是开始了一段关于"肥肉"的奇妙旅程。
期间，我采访了 81 个人，
经历了九九八十一次奇葩的对话，
最小的 4 岁，吃着我给的肥肉哭了，

最老的 84 岁，吮吸着我给的肥肉笑了，

咖啡师说肥肉是城市烘焙的曼特宁，

音乐家说肥肉是紧而密集的弦乐 solo，

话剧演员说肥肉是深吸一口气之后的独白，

物理老师说肥肉是薛定谔的猫，

畅销书作家说肥肉是签死人不偿命的签售……

从小不爱吃肥肉的我，

在创作期间吃了 17 次肥肉，

自己炸过一次猪油渣，

去看别人烟熏过培根，

大半夜去偷窥猪肉铺的拆解工作，

听着麦兜的《我愿是一块扣肉》。

我发现，肥肉是一件神奇的物体，

他好像是幸福小康的标志，

他好像很受欢迎又好像很被嫌弃，

他充满着丰富的油脂和养分，

他似乎又是无用又多余的垃圾，

他充满了辩证的矛盾，

开启了一扇又一扇的思考的窗，

他是一样接着地气的生活模型，

你似乎都可以将一切简单直接的直观感受，

轻松地转化为形而上的观念体验。

念叨了肥肉许久，

突然对于生活有了一种豁然开朗的明晰，

如果说肥肉是富有的底特律都市生活的话；

那么瘦肉是自由贫穷的黑人区，

那么均衡美味的五花肉便是，

区分黑与白，贫与富，

现实与梦想之间的那条八英里，

肥肉、瘦肉、五花肉，

构成了一整个思维的世界，

一次对于生活完整的反思。

可有意思的是，

肥肉终究还是带着梦想与欢乐，

是我们人之初最朴质的生活梦想。

环肥燕瘦

唐宋审美趣味与琴制之变迁

丁承运 [古琴家]

　　友人朱先生一本有趣的书就要出版了，它的名字叫《肥肉》，我约略地翻看过，都是关于作者与肥肉的故事及感受。有一天朱先生突发奇想，问我古琴有没有肥瘦之分。我说有啊！它大概是和古代审美的衍变相关联的。说者无意，听者有心。他问我能否写一篇文字出来。我想这和《肥肉》的距离也太远了吧，就随口说，我回去试试看吧。不想过了些天，朱先生突然来电话催稿，说就等这篇稿子了。不得已，就逼出了以下文字。

　　中国古代的审美趣味，就像现在人们对鞋型和裤型的审美一样，眼光是处在不断变化之中的，只是没有现在周期这样快。所有审美观念变化根本的原因，当属人体审美眼光之变化，艺术与其他领域之审美，实由此延伸而来。

唐代以前的审美观念，像宋玉的《神女赋》、曹植的《洛神赋》里的，虽极意描摹其美，但还没有一个明确的标准。根据《洛神赋》"襛纤得衷，修短合度，肩若削成，腰如约素"来看，是以匀称适中为美，肥瘦皆非其宜。至于"楚王好细腰，宫中多饿死"，正是君王好尚瘦弱型美人的例子；而汉代的赵飞燕，体态轻盈，可作掌上舞。也可视为瘦削为审美倾向的案例。事实证明，上古除以襛纤修短合度为美外，极端的例子就只有瘦削型美女的记载，说明古人的审美眼光是中和并偏于瘦削的。

初唐受前代之影响，从欧阳询、褚遂良的书法来看，多以险绝、瘦劲擅场，就可以把初唐之审美趣味想见一二了。然而作为一代审美风气的确立，当数盛唐之气象。大概是承平日久，国力强盛，人民富庶，营养充足，普遍以丰盈为美。试看这时的仕女图，以至唐三彩的女俑，莫不一个个面如满月、雍容华贵、体态丰盈、珠圆玉润，成为盛唐仕女人物的典型了。

唐明皇的审美观无疑是划时代性的。杨玉环就是盛唐美女的代表而成为被效仿的对象。《长恨歌》中称："温泉水

唐周昉簪花仕女图

滑洗凝脂”，丰泽的肌肤就像凝炼了的油脂一样，白皙而滑腻！而且也第一次被文学作品写得如此富于美感。也正是在此之后，“环肥燕瘦”才成为千古佳话。

字如其人，唐明皇的审美好尚还不限于对杨贵妃的恩宠，在他的书法中，一变初唐瘦硬通神的书风为丰厚腴美，更可直接地反映他的审美观念。

汉之八分书在他手中写得如此丰腴雄厚，如绵裹铁，于隶书中别开一生面，后世尊之为唐隶。唐玄宗以帝王之尊，引领盛唐书风，上行下效，一时出现了徐浩、苏灵芝、颜真卿等一批书家，都史无前例地以肥满雄厚取胜。

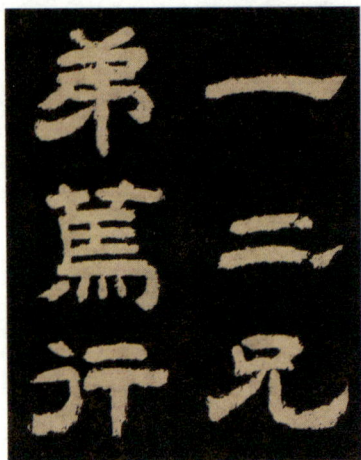

唐玄宗纪太山铭

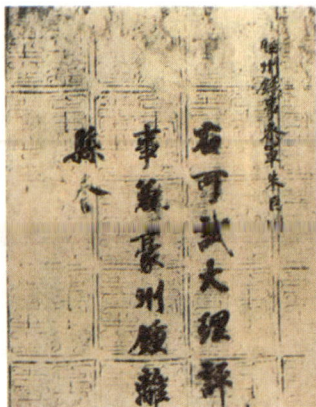

唐徐浩朱巨川告身

唐颜真卿东方朔画赞

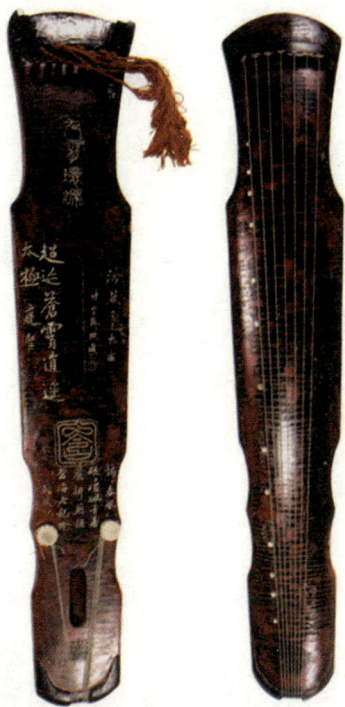

　　以肥为美之风行，连盛唐时代的琴制，也显示了前所未有的丰满肥硕。

　　这张九霄环佩琴，系开元年间雷霄所制。全长125厘米，肩宽21厘米，头宽22.5厘米，尾宽15.5厘米。边棱做圆弧状，尤以项腰为甚。尺寸之大，古今罕有。而头宽竟比肩宽大半寸，与后世琴制相反，把唐圆之特点表露无遗。

　　然而物极则反，盛唐人以肥为美的观念到了宋代，便渐渐走向了反面。宋人范正敏的笔记《遁斋闲览》载有这样一个笑料：有一次苏东坡在一豪士家饮酒，主人家中侍姬十余人都出来陪酒。其中豪士最钟爱的一个侍姬擅长舞蹈，姿容艳丽，但身材丰硕。席间，豪士命她向东坡公乞词，东坡戏谑地吟道："舞袖翩跹，影摇千尺龙蛇动；歌喉宛转，声撼半天风雨寒。"舞姬面红耳赤，怏怏而退。这个舞姬若生在盛唐应是标准的美女，可惜错生在宋代倒成了嘲弄的对象了。

宋人对于美女的审美眼光，还可以从宋代的仕女图中得到印证。

同样也是五个仕女，然而却是风姿绰约，体段苗条，几乎弱不禁风了。和前面唐代的簪花仕女图形成了鲜明的对比，这样瘦削型的美女在唐画里是完全不能想象的。

　　宋代书法审美之变迁，虽不能说盛唐肥盛书风销声匿迹，但宋徽宗所创之瘦金书，师法褚薛，把点画的瘦劲做到了极限，却不能不说是宋代审美变迁之产物。称之为中国书法史上以瘦取胜的极致，亦不为过吧。权臣蔡京最能揣测主意，且看他在《大观帖》中的款题，就颇有瘦金体之趣味，真可谓用心良苦了。

至于宋代的琴制，也发生了极大的变化，唐代肥厚硕长的琴体变得扁平而窄小，浑圆的边楞代之以端劲流畅的线条。琴史称为唐圆宋扁，已经成为鲜明的时代风格。

　　此琴为北宋庆历年间宫廷斫琴高手卫中正制，全长

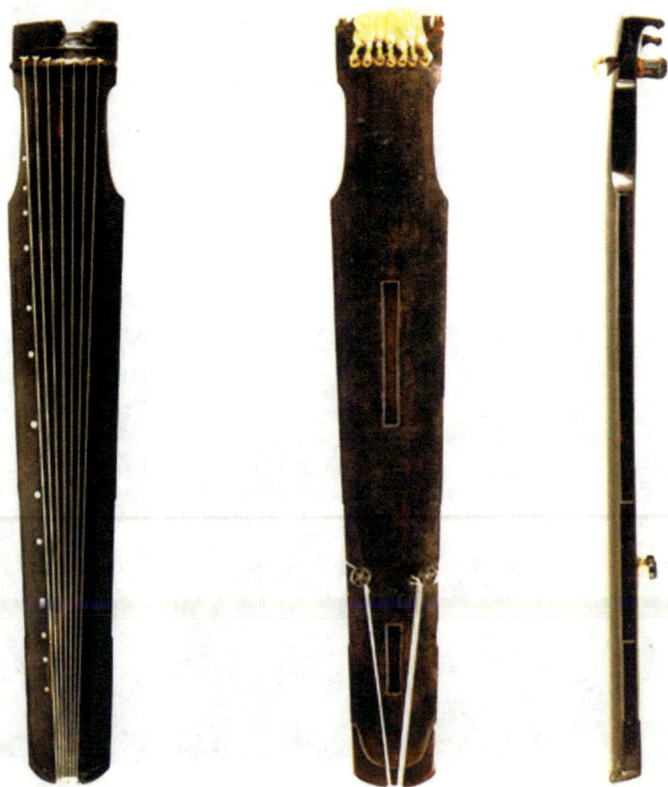

117.4 厘米，肩宽 18.5 厘米，尾宽 13 厘米；肩厚 5.4 厘米，尾厚 5 厘米。为典型的北宋琴制。

由此可以看出，宋琴之长、宽、厚都明显小于唐制。再加上边楞端劲明快，简直是瘦马露筋了。肥硕圆厚的唐琴到了宋代已成功"瘦身"。其时代特征用"唐圆宋扁"似乎还不足以概括，如拟之以唐宋人审美的基调，直接喻之为环肥燕瘦，实在是形象不过的。

总之，唐代初年还是以瘦硬为美，盛唐则变为以肥为尚，宋代又回复以瘦为美并发展到极致，正所谓天道循环，往而必复。审美观念之变迁，反映在生活与艺术的各个层面。以上所述，不过随手拈来，谈不到缜密论证，却也已渐露端倪。美没有绝对的标准，就像环肥燕瘦一样，见仁见智，不妨各有所爱：唐明皇爱雍容华贵的杨贵妃；宋徽宗爱闲云野鹤的李师师，都是帝王引领审美潮流的典型。由此却导致了琴制的重大变迁。学界还从来没有把唐圆宋扁与唐宋审美趣味之演变联系起来，这篇游戏文字竟引发了我们对审美与琴制关系的深层思考。说到这儿话题又似乎太严肃了。其实笔者的本意不过是：读者读《肥肉》嫌腻了的话，不妨读一下这篇小文换个口味，说不定会给你增添一些意外的情趣。

皮影里的猪

汪天稳 [皮影工艺美术大师]

　　《猪八戒背媳妇》是《西游记》中的经典桥段，讲述了猪八戒强娶良家妇女，被路过此地的唐僧孙悟空师徒二人得知，孙悟空变作新娘，用计将其降服的故事。皮影戏《猪八戒背媳妇》将这一桥段改编演绎，生动展现了猪八戒之憨态，诙谐欢快、灵动滑稽。

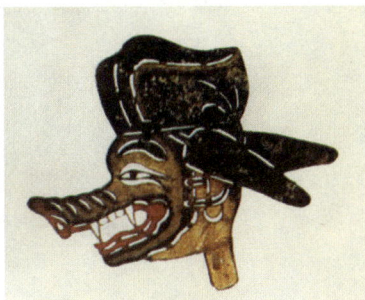

脱脂

在一块素肉中体味淡淡口感与心境，更像一次默默的修行，让人对布衣蔬食的宁静生活心生向往，在素里寻真，在淡中悟觉。

绘画 李津

素肉

陆漫漫 [作家]

庙里制作的豆制品素肉　陆漫漫　摄影

如今吃素已不是什么新鲜事。以往只听说庙里僧人是吃素的，而世俗之人多爱食肉。所以出家人皆清心寡欲，饮食清淡。关于吃素，每个人的原因不尽相同又相差无几，总结一下有：一心向佛，秉着不能杀生的信念；以身作则呼吁环保，节约资源，减少碳排放；动物保护主义人士呼吁食素，不要伤害动物；吃素可以养生，使人更健康更长寿；肥胖人士为保持身材，力求食之精简等等。

何为素肉？百度解为：素肉以植物蛋白（大豆蛋白、花生蛋白、小麦面筋等）为主要原料，通过包括挤、压、蒸、煮等现代食品加工工艺在内的热加工形成类似于肉的组织口感，通过美拉德反应"和／或"添加肉味香精来形成类似于肉的风味。素肉有着良好的纤维状结构，蛋白质含量高，低脂肪，不含胆固醇。如此看来，这道口感素淡的菜不仅加工工序复杂，原材料也要保持绝对新鲜，把豆制品做出类似肉的口感同时保留其营养成分更是功夫所在。

怀着对素肉的一颗好奇心，我也尝了一顿素食。席间有道菜端上来，论外形，简直与真肉无异。肥厚适中，色泽鲜美，汤汁红润，很像名菜——东坡肉。夹起一块，放入口中，细细品尝，是豆制品却很有韧劲，似有肉味却无肉渣。同时上桌的还有"素鸡""素鹅""素鱼"之类，品相也十分讲究。问及这里的大厨，既然提倡吃素，为何又把菜做成肉的样子。厨师告诉我，"素菜荤做"的菜肴更适合留恋荤菜口味却又不敢吃荤的人，同时一些非素食主义者吃多了大鱼大肉，也被这清淡的菜肴吸引前来，改改口味。我细细品之，在一块素肉中体味到的淡淡口感与心境，更像一次默默的修行，让人对布衣蔬食的宁静生活心生向往，在素里寻真，在淡中悟觉。

偶尔在报纸上看到一则消息，美国一位科学家在实验室里种肉，用的可不是现成的猪牛肉，而是自己通过肌肉干细胞"种植出来的肉"。该科学家称，各种肉类携带的细菌会对人体的健康造成损害，希望将肉猪、肉牛饲养过程转变成一个纯工业化的生产过程，可以减少饲养牲口所造成的污染，也不需要使用激素类药物对动物进行催肥。这些被种植的"放心肉"不再是由屠宰动物来获得了，有利于生态环境的和谐。此举成功不成功尚无定论，单是这种做法就和佛教里的万物有灵、不应随意杀害其他生物这一说法有相通之处呢。我不是素食主义者，但见过屠杀牲畜的血腥场面，确实惨不忍睹，待肉端到面前时，耳边响起动物们凄厉的哀号，也心有戚戚焉，不忍下口。

我有一个朋友，吃过几次素斋后，渐渐远离了真肉，觉得太过肥腻。再见他时，人也清瘦了不少，还向我们宣传吃素的好处。久食荤腥，偶尔吃一顿素，为自己清清肠，生些慈悲心，也未尝不是件好事呢。

吃荤与吃素

大初法师

录音整理：刘思岑

朱赢椿：大初师父，您好。非常感谢您来工作室做客，我最近正在策划一本关于肥肉的书，这次请您来主要是想听听佛教怎样看待吃肉这件事情？

大初：佛教是从印度传承过来的，有几大流派。一个是汉传、一个是藏传、一个是南传巴利语佛教，这三大语系的佛教只有汉传佛教僧侣是不吃肉的，其余的是吃肉的。你如果去西藏看看，喇嘛那里是吃牛羊肉的；南传的佛教诸如泰国、缅甸、斯里兰卡及中国云南的西双版纳的佛教僧侣也有吃肉的。这是什么原因呢？佛家要求受戒，出家人受过戒称之为比丘，在比丘的两百五十条戒里，它没有一条戒是讲不吃肉的。居士有五戒，五戒里也没有规定不吃肉。那么，为什么中国汉传的和尚不吃肉，因为汉传和尚认为自己修学的是大乘佛教。何为大乘，大乘就是菩萨乘，就是我们的和尚是学习菩萨道的，利益大众。我们出家人不单要受比丘戒，更要受菩萨戒。菩萨戒里是规定不吃众生肉，所以中国汉传的和尚是不吃肉的。你不管是去美国还是英国，只要是汉传佛教都是不吃肉的。那么，南传和藏传根据戒律来说只吃三净肉，因为斯里兰卡等南传佛教的僧侣他们是托钵乞食，和释迦牟尼时代是一样的，他们没有厨房，定时去化缘。很多人认为和尚化缘是化钱，其实并不是这样，和尚其实是化饭。他走到别人家的门口，别人给你鱼就要吃鱼，给你肉就要吃肉，给菜就要吃菜，是这样的。但你如果说今天要杀个鸡，明天跟你换个鱼虾，那就是犯戒的。汉传是大乘佛教，学菩萨行，那么我们就受菩萨戒。受菩萨戒的人不仅是僧人，包括居士也是可以受菩萨戒的。只要是受了菩萨戒的就不能吃众生的肉，为了培养慈悲心。而居士五戒里面第一条戒：杀戒。为什么要戒杀，也是为了培养慈悲心。由杀戒引申开去，我都不去杀它，怎么还能去吃它的肉呢？所以，我们就说，闻其声不食其肉，那么从佛教的精神上来说，其实吃素是最好的，但是，并没有去强制你不吃肉。作为居士，学佛的第一步不要把吃不吃肉放在最前面。就像刚刚朱老师所说，有的人嘴上不吃，但是心里却想吃，那种居士是假的；如果是心里想吃嘴上不吃，那你不如去吃。佛法重在于心，那么我们不吃肉的目的也是在逐步的培养慈悲心，慈悲心具足了，你就自然而然的不想吃肉了。而不是嘴管住而心里管不住，那是没有用的。所以，学佛的居士不要认为学佛要不吃肉而去惧怕它，你可以照样学佛，照样吃三净肉。但是，你在吃肉的时候要不断地去产生悲悯之心、惭愧的心，这样日积月累，水到渠成，你自己不想吃的时候，你再去吃素，就非常的好了。另外，大家都有工作，需要去应酬，你也不要为难，你平时该怎么吃还怎么吃，但是不要放开乱吃，至少做到一点，不杀生！

朱赢椿：那现在庙里做形状和口感都很逼真的素肉，您怎么看？

大初：这需要我们一分为二地看。这个对于社会上一般人到庙里或是素菜馆里，因为没有吃过素，他会觉得很新鲜，觉得素菜可以做得像肉或者像鱼，我觉得这个也是未尝不可。但是，你真正学佛的人去吃这个，我觉得这是不可取的。首先，我觉得你心里还是想吃肉的。事实上，佛教里对素菜荤做是非常的不赞成的，并且把素菜取荤名完全是违背佛教的意义的。但是，你作为普通的素菜馆，为了迎合大众的口味，那也不是不可以。去素菜馆吃饭不能等同于佛教徒，现在提倡健康饮食，这是完全可以的。

朱赢椿：但是我想说的是，现在是很多的庙里，在做这些。

大初：我个人认为，这不是特别的好，这是违背佛教意义的，你让人去想这样的一种东西。

朱赢椿：所以，寺庙最好是去做真正的斋饭。

大初：寺庙里做的就是家常的素食，这是最最好的了。去做很平常的东西，而不是做鸡或者鱼的形状。

朱赢椿：味道很像，我已经在几个庙里吃过了，南京有，扬州也有，而且很贵，要比真的素菜贵很多。

大初：所以我现在去素菜馆吃饭，都要和他们说清楚，指定他们不要上这个菜，你就给我上青菜、豆腐、萝卜之类，只要绿叶菜，而不要替代品，这样他们就知道了。

朱赢椿：那个是人工加工过的，其实对人体是很不好的。

大初：它都是一些大豆纤维、魔芋之类的东西生产而成的。

朱赢椿：我看过，它可能对人体比真正的肉食伤害更大，不知是否有人工添加剂。

大初：它会调成这个味道，弄成那个颜色。

朱赢椿： 如果里面添加调味品和防腐剂之类的话，还不如直接吃肉算了。

大初： 所以，刚刚信佛的人，我绝对不会要求他马上去吃素。信佛，通常要信到通过自己的努力对佛法理解到逐步地觉得"我应当去多吃点素，少吃点肉"，直到最后只吃素不吃肉，这样是最好的。不要去劝人家吃素，因为他刚开始确实是不容易做到的。出家也一样，你看起来好像很简单，但实质上是不容易的，你不能去跳舞，不能去唱歌，不能干这个，不能干那个，等等，约束很多。要让心里真正地喜欢这样的生活，一般人是做不到的。一天两天还可以，越往后肯定就越不行了。就像吃肉一样，一天两天不吃他会觉得很新鲜，一周不吃，肠胃就受不住了。但如果你真正的从内心发生改变了，吃素就会比较容易了。今天下午和一个领导的家属闲聊，聊到我从小就喜欢吃海鲜，不吃河鱼，认为河鱼会有腥味和刺，会很麻烦，从小到大就只吃海鲜。但是，在我出家以后就根本不会嘴馋，哪怕再好的海鲜放在我的面前我也是不会嘴馋的。不是假不馋而是真的不会馋。为什么呢，是因为从内心里就根本排除了它，你不会去觉得这个东西吃得很鲜、很美。但你如果内心没有转变过来，那样就会很痛苦。所以，问题要一分为二地来看。

朱赢椿：但还是有一些耸人听闻的事，比如，以前听说一个人吃了什么东西，那么这个东西死了后的灵魂就不会饶过他。

大初：不过，你们在没有吃素以前，是可以吃荤的，但是，要记住，尽量去吃"三净肉"。为什么要去吃三净肉，就是为了减少恶缘。何为三净肉，就是不为我而杀，不是我要他杀的。杀的根本之因不是由我而起，就是冤业不是从我这来，所以佛只开许三净肉，没有说什么肉都是能吃的。其次，在三净肉里，还有很多的肉你不能去吃它，比如一些很有灵性的动物，比如蛇、黄鼠狼等。

朱赢椿：这个我以前能做到，但是有时候一忙应酬就会疏忽了。

大初：这不是你一个人，大部分的人都是这样。我们从小就能尝到肉的美味，突然说不吃，怎么可能不出点状况呢？这很正常，让你马上放下，是不大可能的，不用太刻意。我十七八岁开始信佛，刚开始，我也是吃荤的，我没有完全吃素，直到出家前才开始吃素。

二〇一一年一月十一日于随园书坊

请换一个位置来思考"吃肉"的问题

噶陀仲巴仁波切

血肉是跟生命紧密相连接的一种物质，有生命的肉——这样的物质形式，或者说是以生命形式而生存的动物叫作众生，所以众生的生命是无价的如意珍宝！

众生追求和希望的都是平安、快乐和幸福的生活，众生都不想得到烦恼和痛苦的生活，所以请换个位置来想一下：我们自己想要的一切利乐，别人、其他众生也一样想要！我们每一个人在这个世界上，为了幸福快乐的生活而努力这是应该的，但是如果把为了自己一个人所谓的快乐的生活，建立在别人失去生命的痛苦之上，这是非常不应该的。这个道理是只要有一点点仁慈之心和智慧的人，都很明了的！

世间的书上有"魔鬼"的描述，书中把它们形容得非常难看，它们喝着生血、啖食着生肉……这类表现的形象，书上就称作"魔鬼"。但是，让我们静心地思考：在我们这个世间，这类触目惊心的惨象不是随处都有吗？真正的魔鬼是什么？它不是文字空洞的描述，凡是残忍地伤害众生无限珍贵的生命，直接地吞噬着他们的肉、喝着他们的鲜血，杀生作乐的人，这就是魔鬼了！

我们扪心静思，凡是生存在这个天地之间有生命的动物，都知道害怕疼痛，都贪求着生命的长久，也都害怕死亡的降临，所以我们要学会体恤和疼惜其他形式生命的需求。就请换个位置来思考这个问题吧：如果是我们自己在受着别人残酷地杀戮，将要变成满足别人口腹贪欲的食料的时候，内心一定会迫切地乞求能得到援救、保护，获得生命永久的自由与平安，那么我们又怎么能忍心看着无量的活生生的生命悲惨地死去，又怎么忍心吞吃这些无辜失去了珍贵生命的动物的肉体呢？天地的大恩德是能够养育所有的生命，佛陀的大道是具足了同体的慈悲。所以我们要至心发起救护物命的最胜善心，力行戒杀放生，让水陆空行一切的生命都能自由地飞翔遨游在属于自己的环境当中，化天地为一个天成祥和的慈悲放生池！

文字是世间的至宝，世出世间的一切智慧事理都是依靠语言文字才得以成立的，人类的智慧学问得益于先辈圣哲古人。在世间留存文字的目的，是发挥出我们内在本具、平等尊视生命的同仁之心，用以唤醒世人无量的善德与智能……

让文字承载着的慈悲和智慧的永恒生命无间恩泽于子孙，垂范千秋后世！

赞美那佛土的善地净洁如花雨

愿大乘善智者如日月光遍大地

有缘之人以仁善为乐因生莲苑

愿辽阔土地上处处变现利乐园

编后

朱赢椿

本书的策划缘起于二〇〇八年在茶馆的一次闲谈。

当时，南京大学余斌教授聊到他的一本随笔集，其中有一篇《肥肉》，写得很有意思，在座的朋友都建议把此书就定名为《肥肉》，可惜不知何因，后终究未被采用。但"肥肉"两个字似乎触动了我的某根神经。

又过了几日，在宁海路的夜市闲逛，无意中发现有一堆"红烧肥肉"卖，看起来油油的，摸起来软软的，据商贩说是塑料做的，可以当钥匙扣。我如获至宝，买了一块，把吊绳扯了，只留这块"肥肉"，时常在工作室里把玩。

有一天，一个从国外回来的学生来看我，穿了条白色连衣裙，打扮得很漂亮，还带了束鲜花。我请她坐下，接过花束正要去找花瓶。突然听她"啊——"的大叫一声，只见她从沙发上弹了起来，脸涨得通红。原来她不经意间坐在我随手放在沙发上的那块"红烧肉"上了。她把"肉"扔开，扭过头去检查裙子是否被染上油渍。我一边安慰她一边弓着身子从沙发底下找到那块"肥肉"，递给她，开玩笑道："不好意思，工作室卫生条件不太好。"女生一开始很惊讶，不过当她意识到这是一块假肉时，就捂着嘴笑个不停，然后开始说起小时候爷爷奶奶怎么逼她吃肉，还有她奶奶讲的好多关于肉的故事。

后来我就化无意为故意，在工作室用这个"圈套"套出了很多故事来。

有时候我和朋友们去外面的小饭馆吃饭，也会把这块仿真肥肉带在身上。

沙发上逼真的肥肉挂件

点一盘凉拌茼蒿，待服务员把菜端上来转身走后，我就把这块"肉"偷偷放进绿油油的茼蒿里，然后用筷子拨弄着喊老板来看，责问他凉拌茼蒿里为什么要放一块油腻腻的红烧肉。老板忙着赔礼道歉，可着劲说后厨不小心，一定要扣他们工资，问我要重做还是免单。我就说，这都不必，坐下来给我们讲一个肥肉故事就算了。老板发现这是恶作剧之后，又气又笑，抹去额头汗珠，坐下来，点一根烟，聊起肥肉故事来。很多时候，除了老板讲，饭桌上的朋友也跟着讲。

渐渐地，我发现用这样的方法虽然能听到不少故事，但时不时要冒着被人打一顿的危险，就兼而采用约稿的方式，二〇〇八年底就已经有了六万字的篇幅。

二〇〇九年，我因机缘去拜访一位僧人，并将《蚁呓》赠送给他。这位僧人看了之后，非常喜爱，认为这是一本提醒人们关注弱小生命的书，并饶有兴趣地询问我最近在策划什么书。我迟疑了半天，告诉他正在策划一本关于肥肉的书，主要是讲述在物质匮乏年代人们对肥肉的回忆和现代年轻人关于肥肉的杂感。师父听了后，沉吟片刻，抬起头问我，可不可以不出这样的书。我面露难色，因为已经花了两年时间约了很多名家的稿子了，而且写得确实很感人，并且书中作者的稿费和所有盈利都会用来捐助给贫困地区的小学改善学生伙食。师父又沉吟，好吧，既然这样，那我也写一篇吧。就这样，这位慈祥的活佛师父也成了一位特殊的、不吃肉的《肥肉》作者。

长达五年的策划约稿，对此书的感情不言而喻，设计上自然也下了番工夫。起初想在封面上嵌入仿真肥肉，不过摸不准这东西化学成分的安全性，万一有什么有毒物质，书岂不都要报废？于是打算只使用印刷工艺来模拟：书名不出现在封面，纯白的纸上只印着一块油亮的肥肉，足够醒目，读者一看就能明白这是一本什么书。

过了一年，我在北京回南京的火车上，画第二种方案的设计稿：直接把书做成一块生猪肉。于是，凌晨六点多火车抵达南京，我径直去了菜场。出乎意料的是，很难买到真正的肥肉了。卖肉的一边翻着一块块肉，一边自言自语：是啊，现在地沟油多，自己炼点猪油啥的，吃了放心。好不容易挑了一块稍肥一点儿的，拎着直奔工作室，扫描、拍照，做成了新的方案。

我在之后的设计讲座中都提到此书的设计方案，也会征求听众们的意见。大部分年轻读者都表示喜欢一整块肉的方案，不过其中有一位女性听众觉得一块生肉的封面固然很有意思，但对于经常晚上看书且喜作为枕边书的人来说，恐怕不太合适：假若夜里起来方便，开灯猛见一块生肉在耳边，可能会再也无法入睡。有一小部分读者赞同她的意见，更喜欢白底上放一块红烧肉的第一方案，不那么夸张，还带点幽默。

思来想去，便选择了现在这种两方俱备的折中方案，浓妆淡抹，任君自选。

文稿有了，图片有了，设计也有了，总该出版了。我总是想让它应个景，赶在春节期间上市，于是，每年年底都在忙这本书的设计、印刷，可总是不能下厂。因为每到春节前夕，印刷厂就很忙，就算下了厂，货运也很忙，还是没办法在春节上市。

于是一拖再拖，一直到现在，整整经历了五年。有些作者已经从幼儿园到小学，从中学到大学生，从大学生到毕业走上工作岗位，也有从工作岗位到退休的。尽管就这么一路拖过来，却也有了很多收获——约到了很多新作者，听到了更多精彩的故事，以至于这本书如今已经厚达三百多页。

二〇一二年的春节，朋友给我带来了贺年礼物——一块石头"肥肉"。他拎着这块"肉"笑我，那本《肥肉》再不出版就变成化石了。我告诉他，如果世界没有在二〇一二年灭亡，这本书一定会在二〇一三年上市。

转眼已是二〇一三年的年底，虽然有些朋友稿件还未到，但也不能再等了。既然很多人担心的世界末日并没有到来，大家可以坐下来放心地品尝这块腌五年的老卤肥肉了。

第一方案效果图

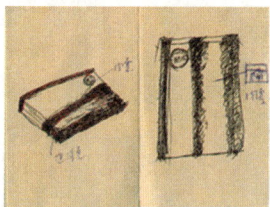
第二方案手稿

扫描仪上的肉

第二方案效果图

再版后记

朱赢椿

再版封面设计方案

今年三月以来，猪肉价格持续上涨，成了大家关注的话题。有人说，"猪肉太贵，要吃不起了"。这中间还出现了一些有趣的新闻：年初，一家小学推出"猪肉奖"，用猪肉作为奖品，奖励那些学习好的学生和工作好的老师；年底，有贴心的校友给母校捐赠十头大肥猪。

这让我想起五年前出版的《肥肉》。自出版以来，本书受到诸多赞誉，得过年度的"华文好书"，《华尔街日报》等国际媒体也做过专题的推荐。但最令我开心的，是来自读者的喜欢。这些年，我在网上看到很多网友晒出的照片，他们将这本书放在锅里、砧板上、秤上等等。印象最深的是这样一张照片：这本书被朋友家的宠物啃坏了一角，让人哭笑不得。能给读者带来快乐，真是太好了。

时间过得很快。肥肉，又有了新的故事，我便想着在新的一年到来前，修订此书，增补新篇章，重新上市。

就像猪肉一样，价格虽然上涨，但肉还是要吃的。就像书价一样，虽然这本书与当初的定价相比有所差别，但书还是要看的。所以说，肉得吃，书得看，我们也得继续生活下去。

二〇一九年十二月二十六日

本书在策划、出版过程中得到以下朋友的大力支持

特别致谢

黄晓初　金　泉　陈　生　叶　芳　姜　妍

赵　阳　鞠健夫　冯　斌　张远帆　陈筱琪

印芝虹　陆小晟　具　体　张　眉　丁　欢

徐　薇

图书在版编目（CIP）数据

肥肉 / 朱赢椿主编 . —南京：南京师范大学出版
社，2013.4
ISBN 978-7-5651-1123-5

Ⅰ.①肥… Ⅱ.①朱… Ⅲ.①世界文学－现代文学－
作品综合集 Ⅳ.①I11

中国版本图书馆 CIP 数据核字（2012）第 291078 号

书　　名	肥　肉	
	FEIROU	
主　　编	朱赢椿	
责任编辑	周　璇	
特约编辑	薛秋实	
装帧设计	朱赢椿　艺　冉　皇甫文	
出 品 方	上海浦睿文化传播有限公司	
	上海市巨鹿路 417 号 705 室	
出版发行	南京师范大学出版社	
地　　址	江苏省南京市玄武区后宰门西村 9 号（邮编：210016）	
电　　话	（025）83598918（传真）83598412（营销部）83598297（邮购部）	
网　　址	http://press.njnu.edu.cn	
电子信箱	nspzbb@njnu.edu.cn	
印　　刷	恒美印务（广州）有限公司	
开　　本	850 毫米 ×1168 毫米　1/32	
印　　张	12.5	
字　　数	200 千	
版　　次	2014 年 2 月第 1 版　2020 年 3 月第 6 次印刷	
标准书号	ISBN 978-7-5651-1123-5	
定　　价	78.00 元	

出 版 人　彭志斌

本书部分历史图片资料因无法联系上所有人，故未署名，感谢他们为本书增彩，相关事宜请联系浦睿文化
邮箱：insightbook@126.com